COCINA NATURAL

... una dieta deliciosa y libre de karma

© 2013-19, Juan Manuel Ferrera Díaz
ISBN 978-1494338756

CONTENIDO

INVITACIÓN

Las personas interesadas en los temas de esta obra
pueden contactar con el autor en la siguiente dirección:

Juan Manuel Ferrera
Centros de Bhakti Yoga
www.bhaktiyoga.es

☎ +34 687 357 660
info@bhaktiyoga.es

www.bhaktiyoga.es

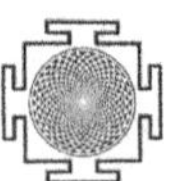

3a edición compuesta en Alicante (España) - Enero 2019 - ISBN 978-1494338756

INTRODUCCIÓN

La ciencia de la alimentación ha progresado muchísimo en los últimos años, de modo que hoy se sabe perfectamente qué alimentos son beneficiosos para la salud y proporcionan la máxima vitalidad y claridad mental y cuales son perjudiciales para el cuerpo conduciendo a la vejez prematura, las enfermedades y el deterioro de la belleza.

Modernos experimentos emprendidos con objeto de averiguar el por qué del envejecimiento prematuro, han demostrado que los animales sometidos a un régimen forzado de alimentación antinatural, es decir un régimen contrario a sus costumbres, no sólo enferman gravemente sino que acaban por desarrollar un estado de envenenamiento fatal que los conduce incluso a la muerte.

Con el transcurso del tiempo la alimentación del hombre ha ido apartándose cada vez más de la alimentación natural que le corresponde por constitución y naturaleza; la consecuencia no ha podido ser más deplorable, pues hoy en día el hombre es un ser enfermo y de corta vida, que en la mayoría de los casos no puede ser feliz y no emplea bien sus facultades.

En la actualidad, la idea de que es imprescindible seguir un régimen adecuado de alimentación está fuertemente arraigada. Las instituciones científicas se han visto obligadas a admitir que el consumo de carnes, pescados y huevos es dañino para el cuerpo.

El movimiento Hare Krishna siempre ha sido un exponente en contra de la violencia a los animales, la drogadicción y la explotación humana. Grandes personalidades como Mahatma

Gandhi, George Harrison, Cassius Clay, Albert Einstein, Thomas Edison, Sócrates, y muchos otros han sido vegetarianos.

Muchas personas creen que ser vegetariano es sólo comer ensaladas y frutas; ¡no!, a tu alcance tienes mucha variedad. La variedad es la madre del disfrute y existe una innumerable cantidad de recetas vegetarianas, tales como verduras, legumbres, dulces, panes, yogur, queso, etc. Incluso puedes adaptar cualquier tipo de comida internacional a lo vegetariano.

Más allá de los intereses de la salud, la psicología, la economía, la ética y aún el karma, el vegetarianismo posee una dimensión espiritual más elevada que puede ayudarnos a desarrollar nuestra conciencia; por eso debemos preparar estos alimentos como una humilde ofrenda al Propietario Supremo de todo lo que existe: Dios.

Los Editores

FILOSOFÍA

La palabra «vegetariano», tomada por los fundadores de la Sociedad Vegetariana Británica en 1842, proviene de la palabra latina «vegetus», que significa «íntegro, sano, fresco o vigoroso», como en «homo vegetus» una persona mental y físicamente vigorosa.

El significado original de la palabra implica una filosofía equilibrada y un sentido moral de vida, mucho más que una dieta de frutas y vegetales.

La mayoría de los vegetarianos son personas que han comprendido que, para contribuir a crear una sociedad más pacífica, primero se debe resolver el problema de la violencia en nuestros corazones. Por lo tanto, no es sorprendente que miles de personas de diferentes tendencias se hayan vuelto vegetarianas en su búsqueda de la verdad.

El vegetarianismo es un paso esencial hacia una sociedad mejor, y la gente que toma su tiempo en considerar sus ventajas, se encontrará en compañía de pensadores tales como Pitágoras, Sócrates, Platón, Clemente de Alejandría, Plutarco, El Rey Asoka, Leonardo Da Vinci, Montaigne, Akbar, John Milton, Sir Isaac Newton, Emanuel Swedenbourg, Voltaire, Benjamín Franklin, Jean Jacques Rousseau, Lamartine, Emerson, Thoreau, Leon Tolstoy, George Bernard Shaw, Rabindranath Tagore, Mahatma Gandhi, Albert Schweitzer y Albert Einstein.

Son vegetarianos entre otros los siguientes famosos: Brigitte Bardot, Pamela Anderson, Richard Gere, Jackie Chan, Robert Redford, Michael Jackson, la reina Doña Sofía, Brad Pitt, George Harrison, Gaudí, Claudia Schiffer, John Lenon, Montserrat Caballé, Paul McCartney, Pierce Brosnan, Samuel L. Jackson, Lisa Simpson, etc. etc.

SALUD Y NUTRICIÓN

¿Puede una dieta vegetariana mejorar o restaurar la salud? ¿Puede prevenir ciertas enfermedades?

Los defensores del vegetarianismo han dicho que sí por muchos años, aunque sólo han tenido el apoyo de la ciencia moderna hasta hace muy poco tiempo.

Ahora los investigadores médicos han descubierto evidencias que muestran un vínculo existente entre comer carne y enfermedades mortales, tales como el ataque al corazón y el cáncer, y por lo tanto, están viendo el vegetarianismo con mejores ojos.

Desde la década de los 60, los científicos han sospechado que una dieta basada en la carne está de alguna forma relacionada con el desarrollo de la arterioesclerosis y enfermedades del corazón. En 1961, el Journal de la Asociación Médica Americana dijo: «Entre el 90% y el 97% de las enfermedades del corazón pueden ser prevenidas con una dieta vegetariana».

Desde entonces, varios estudios bien organizados han demostrado científicamente que después del tabaco y el alcohol, el consumo de carne es la mayor causa de mortalidad en Europa Occidental, los Estados Unidos, Australia y otras regiones influyentes del mundo.

El cuerpo humano es incapaz de mantenerse con excesivas cantidades de grasa animal y colesterol. Un grupo de 214 científicos que realizaron una investigación en 23 países, mostró casi un total acuerdo en que existe un vínculo entre la dieta, el nivel de colesterol y las enfermedades del corazón. Cuando una persona ingiere más colesterol de lo que el cuerpo necesita (como usualmente lo hace con una dieta basada en la carne), el exceso de colesterol gradualmente se convierte en un gran problema. Éste se acumula en las paredes interiores de las arterias, reduciendo el flujo de la sangre al corazón, pudiendo ocasionar presión alta, enfermedades del corazón e infartos.

Por otro lado, científicos de la universidad de Milán y del hospital Maggiore han demostrado que la proteína vegetal ayuda a mantener bajo el nivel de colesterol. En un informe al Journal Médico Británico, The Lancet D. C. R. Sirtori, concluye que la gente con un alto nivel de colesterol asociado con enfermedades del corazón, «puede beneficiarse con una dieta cuya proteína provenga sólo de vegetales».

¿Y qué acerca del cáncer? Investigaciones realizadas en los últimos veinte años sugieren que existe un vínculo entre comer carne y el cáncer del colon, recto, pecho y útero. Estos tipos de cáncer son muy raros entre aquellos que comen muy poca o nada de carne, como los adventistas del séptimo día, los japoneses, los hindúes, etc., pero prevalecen entre las poblaciones «comedoras de carne».

Otro artículo en «The Lancet» informó: «La gente que vive en áreas donde se registra una alta frecuencia de carcinoma del colon tiende a vivir con dietas que contienen grandes cantidades de grasa y proteína animal; mientras que aquellos que viven en áreas en donde se encuentra un índice bajo de esa enfermedad, se alimentan con dietas más vegetarianas y poca grasa de productos animales».

Rollo Russell, en sus «Notas sobre las causas del cáncer», dice: «He encontrado que, de veinticinco países que consumen mucha carne, diecinueve tenían un índice elevado de cáncer, y sólo uno, un índice bajo; y de treinta y cinco países que consumen poco o nada de carne, todos tenían un índice bajo».

¿Porqué los comedores de carne parecen ser más propensos a estas enfermedades? Una razón dada por los biólogos y nutricionistas es que el tracto intestinal del hombre simplemente no es adecuado para digerir carne. Los animales carnívoros tienen tractos intestinales cortos (tres veces el largo de sus cuerpos), para evacuar rápidamente las toxinas descompuestas que produce la carne. Debido a que los alimentos vegetales se descomponen más lentamente que la carne, quienes comen vegetales tienen intestinos por lo menos diez veces el tamaño de sus cuerpos. El hombre posee un tracto intestinal tan largo como el de un herbívoro, por lo tanto, si come carne, las toxinas pueden sobrecargar los riñones produciendo enfermedades tales como gota, artritis, reumatismo e incluso cáncer.

Además tenemos la adición de químicos a la carne. Tan pronto como se mata un animal, su carne comienza a pudrirse y al cabo de unos días se torna de un color gris verdoso enfermizo. La industria disfraza este decoloramiento agregando nitritos, nitratos y otros conservantes para darle a la carne un color rojo brillante. Pero ahora algunas investigaciones han mostrado que muchos de estos conservantes son cancerígenos, y lo que agrava el problema es la cantidad de químicos que se utilizan en la alimentación del ganado.

Gary y Steven Null, en su libro «Venenos en su cuerpo», nos muestran algo que hace pensar a cualquiera dos veces antes de comprar otro bistec o jamón: «A los animales se les mantiene vivos y gordos mediante la continua administración de tranquilizantes, hormonas, antibióticos y otros 2.700 tipos de drogas. Este proceso de engorde comienza aún antes del nacimiento y continúa después de la muerte. Aunque estas drogas están presentes en la carne cuando usted las ingiere, la ley no exige que ellas figuren en el control de calidad para el consumidor».

Debido a descubrimientos como éste, La Academia Nacional de Ciencias informó en 1983, que «la gente sería capaz de prevenir muchos tipos comunes de cáncer, comiendo menos carne, y más vegetales y cereales».

¡Pero... espere un minuto! ¿Acaso los seres humanos no fueron designados para ser carnívoros? ¿No necesitamos de la proteína animal? La respuesta a ambas preguntas es: ¡No! Aunque algunos historiadores y antropólogos dicen que el hombre es históricamente omnívoro, nuestro equipo anatómico —dientes, mandíbula y sistema digestivo— facilitan una dieta sin carne.

La Asociación Dietética Americana dice que: «La mayor parte de la humanidad durante la mayor parte de la historia ha vivido con dietas vegetarianas o casi vegetarianas», y gran parte del mundo aún vive de esta manera. En la mayoría de los países industrializados, la pasión por la carne no tiene más de cien años. Comenzó con el camión frigorífico y la sociedad de consumo del siglo XX.

Pero aún en el siglo XX, el cuerpo del hombre no se ha adaptado a comer carne. El prominente científico sueco Karl von Linne afirma: «La estructura del hombre, externa e interna, comparada con la de otros animales muestra que la fruta y los vegetales suculentos constituyen su alimento natural».

El diagrama que aparece en la página 10 compara la anatomía del ser humano con la de los animales carnívoros y herbívoros.

En cuanto a la cuestión de la proteína, el Dr. Paavo Airola, una importante autoridad sobre nutrición y biología natural, tiene esto que decir: «la recomendación diaria oficial de proteína ha disminuido de 150 g recomendados hace 20 años, a sólo 45 g hoy en día, ¿porqué? Debido a que una seria investigación mundial ha demostrado que no necesitamos tanta proteína, que cuanto realmente se necesita por día es sólo de 30 a 45 g. La proteína que se consume en exceso no solamente se pierde sino que realmente causa serios daños al cuerpo, siendo además el origen de enfermedades mortíferas como cáncer y enfermedades del corazón. Con el fin de obtener 45 g de proteína por día de su dieta, no se necesita comer carne, se puede obtener esto de una dieta 100% vegetariana que contenga una variedad de granos, lentejas, nueces, vegetales y frutas».

Los productos lácteos, los cereales, los farináceos y los frutos secos son todas fuentes concentradas de proteínas. El queso fresco, las almendras y las lentejas contienen más proteína por gramo que la hamburguesa, el cerdo o el bistec.

Aún así los nutricionistas pensaban hasta hace poco tiempo, que sólo la carne, el pescado, el huevo y los productos lácteos tenían proteínas completas (que contienen los ocho aminoácidos que no produce el cuerpo), y que todas las proteínas vegetales eran incompletas (careciendo de uno o más de estos aminoácidos). Pero una investigación hecha en el Instituto Karolinska de Suecia y en el Instituto Max Plank de Alemania, ha demostrado que la mayoría de los vegetales, frutas, semillas, nueces y cereales son excelentes fuentes de proteína completa. De hecho sus proteínas son mucho más fáciles de asimilar que las de la carne y no traen consigo ninguna toxina. Es casi imposible que falten proteínas al comer suficiente alimento natural no refinado. Demasiado consumo de proteína llega a reducir la energía del cuerpo.

En una serie de pruebas comparativas de resistencia dirigidas por el Dr. Irving Fisher de la Universidad de Yale, los vegetarianos se desempeñaron dos veces mejor que los comedores de carne. Muchos otros estudios mostraron que una dieta vegetariana apropiada, provee mucha más energía nutritiva que la carne. Un estudio del Dr. J. Iotekyo y V. Kipani en la Universidad de Bruselas demostró que los vegetarianos eran capaces de ejecutar pruebas físicas dos o tres veces más prolongadas que los comedores de carne y que los vegetarianos se recobraban plenamente de la fatiga cinco veces más rápido.

COMPARACIONES FISIOLÓGICAS

Carnívoro	Herbívoro	Hombre
Tiene garras.	No tiene garras.	No tiene garras.
Su piel no tiene poros, transpira por la lengua.	Transpira por los poros de la piel.	Transpira por los poros de la piel.
Dientes puntiagudos para desgarrar, sin molares planos para masticar.	No tiene dientes delanteros puntiagudos. Tiene molares planos posteriores.	No tiene dientes delanteros puntiagudos. Tiene molares planos posteriores.
Su intestino es tres veces el largo de su cuerpo así la carne en putrefacción puede salir rápido del cuerpo.	El intestino es de 10 a 12 veces el largo de su cuerpo.	El intestino es de 10 a 12 veces el largo de su cuerpo.
Poderoso ácido clorhídrico en el estómago para digerir la carne.	Ácidos estomacales 20 veces menos activos que en los carnívoros.	Ácidos estomacales 20 veces menos activos que en los carnívoros.

AYURVEDA

Ayurveda es un término sánscrito compuesto de dos palabras: *ayur*, que significa vida, y *veda*, que significa sabiduría. El Ayurveda ve a la persona como un ser originalmente sano, que ha perdido el equilibrio.

A diferencia de la medicina occidental, la persona es vista y respetada como un todo físico, psicológico y espiritual, y ninguna de estas esferas puede ser dejada de lado a la hora de pensar en el estado saludable. Por lo tanto, el Ayurveda incluye prácticas espirituales como la meditación, el Yoga, etc.

Cuando el equilibrio entre los *doshas*, formas en que se maneja la energía, se ha perdido, seguramente habrá que modificar algunos hábitos. Entre los cambios que propone el Ayurveda los básicos son los dietarios.

El Ayurveda no prohíbe nada pero su base es vegetariana. Es prácticamente seguro que por nuestra constitución nosotros no estamos preparados para comer carne. El tipo de dientes que tenemos, el largo de nuestro intestino, etc., son datos que nos dicen que estamos más emparentados con los herbívoros que con los carnívoros. Quienes, habiendo tenido a la carne como un elemento fundamental de su dieta, deciden voluntariamente reemplazarla por vegetales (verduras, frutas, cereales, legumbres) notan una diferencia considerable en su estado no sólo físico, sino también anímico y espiritual.

La alimentación ayurvédica no sólo tiende a ser vegetariana, sino a incorporar alimentos más sanos. Nada de envasados, precocinados ni comidas «basura».

A diferencia del vegetarianismo, que proclama la prioridad de los alimentos crudos, para el Ayurveda la cocción es importante. Mezcla lo crudo y frío con lo cocido y lo caliente. Es una cocina más elaborada, más interesante en cuanto a los sabores al incorporar frecuentemente las especies.

Los condimentos que se utilizan no sólo tienen el objetivo del sabor, sino un efecto terapéutico, medicinal. Una de las vedettes de la cocina ayurvédica es el jengibre, tanto el fresco como el molido. También las semillas de mostaza y de comino, especies que en occidente no se acostumbran a consumir directamente en semillas, sino que por lo general se adquieren procesadas. Albahaca, cardamomo, pimienta, cayena, son algunas de las innumerables especies que aportan sabor y efectos terapéuticos.

Con todos estos elementos, la alimentación ayurvédica se transforma en una dieta sana e interesante, que da importancia también al placer de comer y a la conexión con la comida. Enseña a que mires los colores del plato, a que los huelas. Incorpora el olfato al comer, lo cual inicia el ciclo digestivo. Pero también le da una dimensión espiritual, con un sentido de agradecimiento.

Se recomienda comer en un ambiente agradable, con una buena conversación o buena música.

En cuanto a los horarios, el Ayurveda considera al ser humano como una pieza más del Universo, el cual tiene su ritmo propio. Levantarse temprano, a las 6 o al amanecer. El desayuno a las 9h, el almuerzo estaría fijado entre las 12 y las 14h y el horario ideal de la cena entre las 18 y las 20h. La idea es que nos quede tiempo antes de irnos a dormir para llegar a la cama con la comida digerida.

Srila Prabhupada recomendó una dieta diaria como sigue: para desayunar sémola de trigo (Halava pág. 36) con frutos secos, pasas y leche (bien caliente) o yogur en verano, garbanzos crudos (remojados por la noche), jengibre fresco y naranjas, manzanas o plátanos. Para almorzar, arroz, chapatis, dhal y verdura hechos con *ghee*, jengibre fresco y especias recién molidas. Antes de descansar, leche hervida muy caliente y plátanos.

ECONOMÍA

La carne alimenta a unos pocos a expensas de muchos. Con el propósito de producir carne, los cereales que podrían alimentar a la gente se utilizan para alimentar el ganado.

De acuerdo a la información compilada por el Departamento de Agricultura de los Estados Unidos, más del 90% de los cereales producidos en ese país se utilizan para alimentar el ganado —vacas, cerdos, corderos y gallinas—, que terminan servidos en la mesa. En Gran Bretaña el cálculo es del 85%.

El hecho de utilizar los cereales para producir carne es una gran pérdida de dinero. El Departamento de Agricultura de los Estados Unidos informó que obtenemos sólo un kilo de carne por cada 16 kilos de cereales utilizadas para producirla.

En la publicación «Dieta para un pequeño planeta», Frances Moore Lappé nos pide que nos imaginemos sentados ante un pedazo de carne de 250 gramos; luego, imaginemos la habitación llena con 45 ó 50 personas con recipientes vacíos frente a ellos. Por el mismo costo de su pedazo de carne, cada uno de los recipientes podría llenarse con una ración de cereales cocidos».

Las naciones ricas no solamente gastan sus propios cereales para alimentar el ganado, sino que también utilizan vegetales ricos en proteínas de las naciones pobres.

En los países subdesarrollados, una persona consume un promedio de 180 kilos de cereales por año, la mayor parte de las cuales se consumen directamente. En contraste a esto, Lester Brown, una autoridad mundial en alimentación, dice que el promedio europeo o americano llega a los 900 kilos anuales, debido a que primero alimenta en casi un 90% a los animales cuya carne va a ser utilizada para el consumo. Los consumidores de carne europeos o norteamericanos, según Brown, utilizan un promedio de cinco veces más recursos alimenticios que los peruanos, colombianos, hindúes o nigerianos.

Hechos como estos han llevado a los expertos en alimentación a reconocer que el problema del hambre en el mundo es artificial. Hoy en día estamos produciendo más que suficiente alimento para todos en el planeta, pero lamentablemente lo estamos desperdiciando.

Jean Mayer, un nutricionista de la Universidad de Harvard, estima que la reducción de tan sólo el 10% de la producción de carne en EEUU, daría suficientes cereales como para alimentar a 60 millones de personas.

Otro precio que pagamos por el consumo de carne es la contaminación del medio ambiente. Los desagües altamente contaminantes de los mataderos son una de las principales fuentes de polución de los ríos.

Las fuentes de agua fresca de este planeta no sólo se están contaminando, sino que también se están agotando, y la industria de la carne particularmente es una de las principales causas. La producción de ganado para consumo crea diez veces más contaminación que las áreas residenciales, y tres veces más que las industriales.

En el libro «Población, recursos y medio ambiente» se demuestra que la producción de 1 kilo de trigo requiere sólo 60 litros de agua, mientras que la producción de 1 kilo de carne requiere de 5000 a 6000 litros de agua.

Está bien claro que una vaca viva produce más alimento para la sociedad que una vaca muerta, a través de una continua provisión de leche, queso, yogur, nata, mantequilla y otros alimentos ricos en proteínas.

En 1971, Stewart Odend'hal, de la Universidad de Missouri, llevó a cabo un estudio de vacas en Bengala, y descubrió que lejos de privar a los seres humanos de alimento, ellas comían solamente los remanentes inservibles de las cosechas de arroz, caña de azúcar y por supuesto pasto. «Básicamente —él dijo— el ganado convierte cosas de poco valor directo para el ser humano en productos de inmediata utilidad»; esto destruye el mito de que la gente en la India está muriéndose de hambre debido a que no matan sus vacas. Es interesante notar que la India recientemente parece estar resolviendo sus problemas alimenticios, los cuales tuvieron mucho más que ver con severas sequías o problemas políticos que con vacas sagradas. Un panel de expertos de la Agencia para el Desarrollo Internacional, en una declaración citada en el informe del Congreso de Diciembre de 1980, concluyó: «La India produce suficiente alimento como para alimentar a toda su población».

La mitad de la tierra cultivable se utiliza para alimentar a los animales. Si esta tierra fuera utilizada para producir primordialmente alimentos vegetarianos, tal producción podría fácilmente mantener a una población de más de 20 mil millones de personas.

El problema del hambre en el mundo es ciertamente ilusorio, y el mito de la superpoblación no debería, por lo tanto, ser utilizado como excusa por los partidarios del aborto, quienes así justifican la matanza de más de 60 millones de niños en el vientre de su madre cada año.

ÉTICA

Muchas personas consideran las razones éticas como las más importantes de todas para volverse vegetariano. En un ensayo titulado «Acerca de comer carne», el autor romano Plutarco escribió: «¿Puedes realmente preguntar por qué razón Pitágoras se abstenía de comer carne? Por mi parte, más bien me asombro y me pregunto, por qué gran accidente y en qué estado mental, el primer hombre utilizó su boca para desgarrar y llevar a sus labios la carne de una criatura muerta, poniendo en su mesa cuerpos muertos y pálidos y se aventuró a llamar alimento y nutrición a esos seres que en un momento se alegraron, lloraron, se movieron y vivieron... ¿Cómo pudieron sus ojos soportar la matanza cuando sus gargantas eran cortadas y sus miembros descuartizados?, ¿Cómo pudo su nariz soportar esos olores?, ¿Cómo es que esa contaminación no trastornó su gusto y pudo beber jugos y serúmenes de heridas mortales?... Ciertamente, no comemos leones o lobos por auto-defensa, por el contrario, matamos criaturas dóciles que ni siquiera tienen dientes para dañarnos. Por un poco de carne los privamos del sol, la luz y de la duración de la vida a la cual tienen derecho». Luego él desafió: «Si dices que has nacido para comer carne, entonces mata con tu propio esfuerzo lo que quieres comer, hazlo sin la ayuda de armas ni cuchillos».

El biógrafo Diógenes nos dice que Pitágoras comía pan y miel por la mañana y vegetales por la tarde. El a veces pagaba a los pescadores para que devolvieran los peces al mar, y una vez dijo: «Oh compañeros, no den a sus cuerpos comida pecaminosa. Tenemos maíz, manzanas y uvas que doblan las ramas con su peso. Existen hierbas dulces y vegetales que pueden ser cocinados y suavizados con el fuego, y a ustedes no se les raciona ni la leche ni la miel. La Tierra nos da una inmensa cantidad de riquezas de inocentes alimentos y nos ofrece banquetes que no involucran derramamientos de sangre ni matanzas. Sólo las bestias satisfacen su hambre con carne, y ni siquiera todas ellas».

El famoso autor ruso León Tolstoy escribió que: «Por matar animales para alimentarse, el hombre suprime innecesariamente su capacidad espiritual más grande, aquella de simpatía y piedad hacia las criaturas vivas como él mismo, y por violar sus propios sentimientos se vuelve cruel». Él también advirtió: «Mientras nuestros cuerpos sean las tumbas vivientes de animales asesinados, ¿cómo podemos esperar alguna condición ideal en la Tierra?»

Cuando perdemos el respeto por la vida animal también lo perdemos por la vida humana. Hace veintiséis siglos Pitágoras dijo: «Aquellos que matan animales para comer su carne tienden a masacrarse a sí mismos».

Nos sentimos temerosos de las armas del enemigo, de las bombas y de los misiles, pero podemos cerrar nuestros ojos al dolor y al temor que nosotros mismos creamos por matar 15 mil millones de animales por año. ¿Podemos negar que esta brutalidad nos hace más brutales también?

Leonardo da Vinci escribió: «Realmente el hombre es el rey de las bestias, porque su brutalidad excede la de ellas. Vivimos de la muerte de otros, somos como cementerios andantes. Llegará el momento en que el hombre verá el asesinato de los animales como ahora ve el asesinato de los hombres».

Mahatma Mohandas Gandhi dijo: «La grandeza de una nación y su progreso moral pueden ser juzgados por la manera en que ellos tratan a sus animales. Yo siento que el progreso espiritual requiere que en algún momento dejemos de matar a nuestras criaturas hermanas para la satisfacción de nuestros deseos corporales».

En realidad muy poca gente establece una relación consciente entre el matadero y la carne que llega a su mesa. La verdad es tan desagradable que todos prefieren cubrirla o ignorarla. Los mataderos son visiones del infierno; los animales gritan y son golpeados con martillos, shocks eléctricos o muertos a balazos. Luego son colgados y transportados a través de fábricas de muerte mecanizadas.

George Bernard Shaw se volvió vegetariano a los 25 años; una vez le preguntaron qué hacía para estar tan juvenil y él respondió: «Yo aparento la edad que tengo, son los otros que se ven más viejos. Pero ¿qué se puede esperar de gente que se alimenta de cadáveres?»

El premio Nobel Isaac Bashevis Singer se hizo vegetariano en 1962, a la edad de 58 años. Él dijo: «Naturalmente, siento mucho haber esperado tanto tiempo, pero es mejor tarde que nunca. Varios filósofos y líderes religiosos tratan de convencer a sus discípulos y seguidores de que los animales no son sino máquinas sin alma, sin sentimientos. Sin embargo, cualquiera que haya vivido con un animal, sea éste un perro, un pájaro, o aún un ratón, sabe que esta teoría es una gran mentira inventada para justificar la crueldad».

Muchas veces la simple mención del vegetarianismo trae la pregunta: ¿Y qué acerca de las proteínas? A ésta, el vegetarianismo puede bien responder: ¿Y los elefantes?, ¿Y los rinocerontes?, ¿Y los toros? La idea de que la carne tiene el monopolio de la proteína, y de que se requiere gran cantidad de proteína para la energía y la fuerza son ambas un mito.

Mientras son digeridas, las proteínas se desdoblan en sus aminoácidos constituyentes, los cuales son usados por el cuerpo para el crecimiento y reemplazo de tejidos. Todos los aminoácidos esenciales existen en abundancia en alimentos sin carne. Los productos de la leche, granos y cereales, legumbres y los frutos secos son todos fuentes concentradas de proteína. El queso, las nueces y las lentejas, por ejemplo, contienen más proteínas proporcionalmente que las hamburguesas, el cerdo o un asado. El exceso de proteína, a su vez acusa pérdida de fuerza y acumulación de desperdicios nitrogenados que causan problemas a los riñones. Numerosos estudios han demostrado que una dieta vegetariana apropiada provee más energía nutricional que la carne.

ESPIRITUALIDAD

Las principales escrituras religiosas ordenan al hombre vivir sin matar innecesariamente. El Antiguo Testamento instruye: «No Matarás» (Exodo 20:13). Esto tradicionalmente se mal interpreta como si se refiriera sólo al asesinato, pero el hebreo original es «lo tirtzach», lo cual se traduce claramente como «No Matarás». El diccionario completo Hebreo–Inglés del Dr. Reuben Alcalá dice que la palabra tirtzach, especialmente utilizada en el hebreo clásico, se refiere a «cualquier clase de matanza», y no necesariamente al asesinato de un ser humano.

Aunque el Antiguo Testamento contiene algunas prescripciones para comer carne, es muy claro que la situación ideal es el vegetarianismo. En el Génesis (1:29) encontramos que Dios Mismo proclama: «He aquí que os he dado toda planta que da semilla, que está sobre la tierra, y todo árbol en que hay fruto y que da semilla os serán para comer». En el Génesis (9:4) también se prohíbe directamente el comer carne: «Pero carne con vida, que es su sangre, no comeréis, porque ciertamente demandaré la sangre de vuestras vidas; de mano de todo animal, la demandaré».

En otros libros de la Biblia también se condena el comer carne. Isaías (63:3) dice: «El que sacrifica un buey es como si matase un hombre. También en Isaías (1:11): ¿Para qué me sirve, dice Jehová, la multitud de vuestros sacrificios? Hastiado estoy de holocaustos de carneros y del cebo de animales gordos, no quiero sangre de bueyes, ni de ovejas, ni de machos cabríos». En la Biblia se menciona la historia de Daniel, que mientras estaba en la cárcel de Babilonia rehusó comer carne y prefirió alimento vegetariano simple.

En un estudio profundo de los escritos griegos se muestra que la vasta mayoría de palabras traducidas como carne son «trophe», «brome» y otras palabras, que simplemente, quieren decir alimento, o comer en un sentido amplio. Por ejemplo en el Evangelio de San Lucas (8:55) leemos que Jesucristo resucitó a una mujer y «mandó que le dieran carne». La palabra griega original traducida como «carne» es «phago», que significa sólo «comer». La palabra griega carne es «kreas» y nunca es usada en relación con Jesucristo.

En ninguna parte del Nuevo Testamento existe alguna referencia directa de Jesucristo comiendo carne. Esto coincide con la famosa profecía de Isaías acerca de la aparición de Jesucristo que dice: «He aquí que una virgen concebirá y dará a luz un hijo, y se llamará Enmanuel. Mantequilla y miel él comerá, y así sabrá rechazar lo malo y elegir lo bueno».

Clemente de Alejandría, Padre de la Iglesia, recomendó una dieta sin carne, citando el ejemplo del Apóstol Mateo, que se alimentaba de semillas, nueces y vegetales.

San Juan Crisóstomo consideraba que comer carne era para los cristianos una costumbre muy cruel y antinatural. Él dijo: «Imitamos a los lobos y a los leopardos, y somos peor que ellos, debido a que Dios nos ha honrado con el habla y la equidad. Nos hemos vuelto peores que bestias salvajes».

San Benito, el fundador de la Orden Benedictina, ordenó a sus monjes tomar sólo alimentos vegetarianos. La orden Trapense también siguió estrictamente una dieta vegetariana.

En el Evangelio de la Paz de los rollos del Mar Muerto, Jesús dice: «Y la leche de toda bestia que se mueve y que vive sobre la faz de la tierra será carne para vosotros, así como les he dado a los animales la hierba verde, así doy a vosotros su leche; pero la carne y la sangre que le dan vida no la comeréis». «Pero el que mata a una bestia sin razón, aún cuando la bestia no lo ataque, por deseos de matar, o por su carne, o por su piel, o por sus colmillos, mala es la acción que hace, pues se torna en bestia salvaje él mismo. Su fin es también como el de la bestia salvaje» (Capítulo XXIII 10–14, traducción del Aramaico por Edmond S. Bordeaux).

El mayor número de vegetarianos del mundo se encuentra en la India, la tierra del hinduismo y del budismo. El Señor Buda advino con el propósito de detener la matanza irrestricta de animales y establecer su doctrina de «*ahimsa*» (no violencia), la cual estableció junto con el vegetarianismo como paso fundamental en el sendero de la elevación de la conciencia. Las Escrituras Védicas de la India, que preceden al budismo, también establecen la no violencia como el fundamento ético del vegetarianismo.

El *Manu-samhita*, el antiguo libro de leyes de la India dice: «Habiendo considerado bien el desagradable origen de la carne y la crueldad de la matanza de seres vivos, uno debe abstenerse completamente de comer carne». En el Bhagavad–gita (5.18), Krishna explica que la perfección espiritual comienza cuando uno puede ver la igualdad de todos los seres vivientes: «El sabio humilde, en virtud del conocimiento verdadero, ve con igual visión a un *brahmana* (sacerdote) erudito y apacible, a una vaca, a un elefante, a un perro y a un paria». Krishna también nos instruye a adoptar los principios del vegetarianismo espiritual cuando Él dice: «Ofréceme con amor y devoción una fruta, una flor, una hoja o agua, y Yo lo aceptaré». Hay personas que se excusan diciendo que los animales son seres inferiores, pero en realidad todos somos hijos de un mismo padre y los animales son como nuestros hermanos menores. ¿Acaso está bien matar a un hermano porque éste es menos inteligente?

KARMA

La palabra sánscrita KARMA significa «acción», o más específicamente, cualquier acción material que trae una reacción que nos ata al mundo material. Aunque la idea de karma se asocia generalmente con la filosofía oriental, mucha gente en el occidente también está llegando a comprender que karma es un principio natural, como el tiempo o la gravedad, y tan condicionante como estos. Para cada acción existe una reacción. De acuerdo a la ley del karma, si causamos dolor y sufrimiento a otros seres vivientes, debemos soportar lo mismo a cambio, ya sea tanto individual como colectivamente.

Cosechamos lo que sembramos en esta vida y en la próxima; la naturaleza tiene su propia justicia. Nadie puede escaparse de la ley del karma, excepto aquellos que comprenden como ésta trabaja y así cumplen con ella. Para comprender como el karma puede causar guerras, por ejemplo, permítasenos tomar una cita de los Vedas. A veces comienza un fuego en un bosque de bambúes cuando los árboles se friccionan entre sí. La causa real del incendio no son los árboles, sino el viento que los mueve. Los árboles son sólo los instrumentos. De la misma manera, el principio del karma nos dice que los Estados Unidos y Rusia no son la causa verdadera de la fricción que existe entre ellos, la cual puede encender el fuego de la guerra nuclear. La causa real es el viento imperceptible del karma generado por los ciudadanos supuestamente inocentes del mundo. De acuerdo a la ley del karma, la carnicería del vecindario (la clínica de abortos también, pero eso podría ser tema para otro libro) tiene mucho más que ver con la amenaza de guerra nuclear que la Casa Blanca o el Kremlin.

Nosotros nos horrorizamos ante la idea de una guerra nuclear, mientras que permitimos masacres igualmente horribles cada día dentro de los mataderos automatizados del mundo. La persona que come un animal puede decir que no está matando, pero cuando compra su trozo de carne empaquetada en el supermercado o en la carnicería, está pagándole a alguien para que mate por ella, y ambas reciben las reacciones del karma.

¿Puede haber algo más hipócrita que marchar por la Paz y luego comer una hamburguesa en un restaurante o ir a casa a cocinar un bistec? Las Escrituras Judeo–Cristianas dicen claramente «no matarás». Aún así, los líderes religiosos permiten la matanza de animales dando toda clase de excusas y al mismo tiempo, tratan de pasar como personas santas. Esta burla o hipocresía en la sociedad humana provoca ilimitadas calamidades tales como las grandes guerras, en donde tantas personas mueren. Ahora se ha descubierto la bomba nuclear, la cual está simplemente esperando ser utilizada para la destrucción. Tales son los efectos del karma. Bhaktivedanta Swami Prabhupada dice en una explicación del Bhagavad–gita: «Aquellos que comprenden las leyes del karma saben que la paz no vendrá por las marchas y peticiones, sino por una campaña que eduque a la gente acerca de las consecuencias del asesinato de inocentes animales (y de niños no nacidos).

Esto será una gran contribución para prevenir el incremento de la enorme carga de karma en el mundo. Albert Einstein dijo: «El vegetarianismo, tan sólo por su efecto físico en el temperamento humano, influenciaría beneficiosamente a toda la humanidad». Una pregunta metafísica muy común es, «Si todas las entidades vivientes son iguales espiritualmente, entonces ¿porqué es aceptable comer cereales, vegetales, etc..., y no carne? ¿No son acaso los vegetarianos culpables de matar vegetales? En respuesta, podemos señalar que alimentos vegetarianos como frutas, frutos secos, leche, miel y cereales no requieren de matanza alguna. Pero aún en aquellos casos en que se quita la vida a una planta, el dolor provocado es mucho menor que cuando se mata a un animal, debido a que el sistema nervioso de la planta y su conciencia están menos desarrollados. Realmente, existe una gran diferencia entre coger una zanahoria de la tierra y matar a un cordero.

Los Vedas dicen «*Jivo Jivasya Jivanam*»: una entidad viviente es alimento para la otra en la lucha por la existencia, así que lo importante es causar el menor sufrimiento a otros seres mientras satisfacemos las necesidades alimenticias de nuestro cuerpo. Aún así, tal como se explica en las escrituras reveladas, mostrando gratitud hacia el Señor Supremo, quien nos provee de cereales, vegetales y leche, es nuestro deber santificar nuestro alimento antes de tomarlo ofreciéndolo a Él, y así liberarnos de cualquier reacción *kármica* y avanzar espiritualmente.

MÁS ALLÁ DEL VEGETARIANISMO

Más allá de los intereses de la salud, la psicología, la economía, la ética, y aún del karma, el vegetarianismo posee una dimensión espiritual más elevada que puede ayudarnos a desarrollar nuestra apreciación natural de amor por Dios.

Existe en la gente una tendencia a olvidar una verdad básica de la naturaleza —no es el hombre sino Dios quien produce el alimento—. Hay algo místico en la forma en que crecen los alimentos; usted pone una pequeña semilla en la tierra, ésta germina y por la misteriosa fuerza viviente dentro de ella aparece una fábrica de alimentos; una planta de tomate produce docenas de sabrosos tomates rojos, un árbol de manzanas produce enorme cantidad de dulces manzanas, etc. Ningún equipo de científicos en el mundo ha inventado todavía algo tan asombroso como la más simple creación verde de Dios.

En vez de admitir la existencia de una inteligencia superior, los científicos están orientando mal al público con sus teorías de evolución química. Sin ninguna evidencia sustancial, proclaman que la vida proviene de los elementos químicos, pero ellos no pueden utilizar dichos elementos para hacer una semilla que luego crezca en una espiga de trigo, para producir luego más semillas que germinarán en cientos de espigas de trigo. Una vez que admitimos que la vida proviene de la vida, es razonable suponer que toda la vida se origina de una misma fuente viviente, el único Señor Supremo, conocido por los musulmanes como Alá, por los cristianos como Jehová, por los judíos como Yahvé y por los seguidores de los Vedas como Krishna.

Entonces, por lo menos deberíamos ofrecer nuestro alimento a Dios como una cuestión de gratitud. Cada religión tiene su proceso de acción de gracias, pero el sendero espiritual señalado en las Escrituras Védicas es sin precedentes, ya que la ofrenda de alimento al Señor es parte de un proceso altamente desarrollado de yoga, que ayuda al practicante a establecer su relación amorosa personal con Dios. Esto se llama Bhakti-yoga.

El concepto Védico de Dios no es vago. En algunas escrituras Dios es brevemente mencionado como el Padre Supremo, pero sorprendentemente de ellas obtenemos muy poca información acerca de Su Personalidad. Jesús se presentó como el hijo de

Dios, y Mahoma fue Su profeta; pero ¿qué acerca de Dios mismo?. Él aparece sólo indirectamente como una voz del cielo, como un arbusto en llamas, etc. Sin embargo, una vez que admitimos que Dios nos ha creado, no podemos negar razonablemente que Él Mismo posea todos los atributos de una personalidad con forma y apariencia específicas, y todos los poderes y habilidades de los diferentes órganos y sentidos.

Es ilógico suponer que la entidad viviente creada por Dios pueda de alguna forma sobrepasar a su Creador. Si poseemos forma y personalidad específicas, mientras que Dios no las posee, seríamos superiores a Él en ese sentido. Así como somos personas, Dios es también una persona, la Persona Suprema, con una forma espiritual infinitamente poderosa, pero, de todas maneras, una persona. Después de todo, se dice que fuimos creados a imagen y semejanza de Dios. Usando su imaginación los artistas occidentales generalmente han presentado a Dios como un hombre viejo con barba. Pero las escrituras Védicas de la India ofrecen descripciones directas de la Personalidad de Dios, información que es exclusiva de los Vedas. Ante todo, Dios es eternamente joven, y posee cualidades espirituales maravillosas que atraen la mente de las almas liberadas.

Él es el artista Supremo, el músico Supremo, Él habla maravillosamente y manifiesta inteligencia ilimitada, humor y genio. Él manifiesta pasatiempos trascendentales incomparables con Sus asociados eternos. No hay límite a las descripciones de los aspectos atractivos de la Personalidad de Dios tal como se encuentran en los Vedas. Por lo tanto, Él es llamado Krishna o «Supremo atractivo». Cuando comprendemos esta identidad personal de Dios, se hace más fácil meditar en Él, especialmente, cuando le ofrecemos alimentos. Debido a que Krishna es supremamente poderoso y completamente espiritual, todo lo que se pone en contacto con Él, también se vuelve puro y espiritual. Aún en el campo de la naturaleza física, ciertas cosas tienen el poder de purificar diferentes sustancias.

Por ejemplo, el sol puede destilar agua pura y fresca de un lago contaminado, con sus poderosos rayos. Si un objeto material como el sol puede actuar de esta manera, entonces podemos imaginarnos la potencia purificadora de Dios, Quien ha creado sin esfuerzo millones de soles.

30 RAZONES PARA SER VEGETARIANO

1.– A los animales les gusta vivir igual que a ti.
2.– Los animales sienten dolor y ansiedad como tú.
3.– Los animales tienen alma (conciencia) como tú.
4.– La Biblia prohíbe la matanza de los animales.
5.– San Francisco y muchos otros cristianos eran vegetarianos y amigos de los animales.
6.– Los yoguis, los budistas, los hindúes y muchos más son vegetarianos.
7.– Muchas personas son vegetarianas porque saben que al matar, tienen que nacer como animales, para ser matadas como reacción.
8.– Porque los vegetarianos son más fuertes (elefantes, toros, gorilas, etc.).
9.– Porque nuestro cuerpo (intestinos, ácidos estomacales, dientes) es como el de los animales herbívoros.
10.– Porque la crueldad con los animales regresa a nosotros en forma de guerras, abortos, etc.
11.– Porque la carne es demasiado cara.
12.– Porque pierdes tu buena salud.
13.– Porque las investigaciones de los mejores científicos culpan a la carne de muchas enfermedades mortales.
14.– Porque el colesterol de la carne, los huevos y el pescado te mata pronto.
15.– Porque quienes sólo comen carne viven muy pocos años (esquimales).
16.– Porque la carne está llena de venenos (DDT, antibióticos, hormonas, etc.).
17.– Porque la carne hace muy agresivos a sus consumidores.
18.– Porque por la producción de carne se dejan de cultivar grandes extensiones de tierra, que producirían millones de toneladas de granos y cereales y así se deja de alimentar a millones de personas.
19.– Porque las proteínas de los vegetales (garbanzos, judías, lentejas, etc.) y de los lácteos son perfectas. Y las de granos y cereales germinados son 3 veces más potentes que las demás.
20.– Porque el comedor de carne no puede practicar Yoga.
21.– Porque el Señor Supremo no escucha las oraciones de quienes viven de la carne (Biblia–Lev.).

22.– Porque Krishna, la Suprema Personalidad de Dios, sólo acepta ofrendas lacto-vegetarianas (B. Gita).

23.– Porque la ciencia de la reencarnación enseña que éramos animales en vidas pasadas, y si no alcanzamos la perfección con la oportunidad de vida humana, regresaremos a esas formas inferiores.

24.– Porque la vaca representa nuestra segunda madre al darnos la leche toda la vida. (No somos partidarios de la explotación industrial en granjas).

25.– Porque la vaca, el toro, el caballo, y otros, son útiles para la agricultura y el transporte, más que quitándoles la vida en el matadero.

26.– Porque la putrefacción de los cadáveres dentro de nosotros mismos da mal aliento.

27.– Porque no podemos hablar de paz hasta no parar de matar animales.

28.– Porque las frutas, verduras, lácteos, etc., son suficientes para mantener el cuerpo y el alma juntos, como recomiendan las Escrituras Védicas.

29.– Porque no hay que hacer a nadie lo que no queremos que nos hagan.

30.– Porque la carne envejece las células prematuramente.

RECETAS

EL SAZONADO

Las especias determinan el sabor de una receta; los alimentos son sazonados de tres maneras diferentes:

1. **MASALA:** Se prepara calentando *ghee* (mantequilla clarificada) o aceite en una sartén, añadiendo especias (comino, pimienta negra, tomillo, laurel, pimentón, jengibre, asofétida (*hing*), etc, friéndolas hasta que despidan un olor fragante. En este momento se añaden las verduras frescas, las legumbres, etc.

2. **CHAUNCHE:** Se calienta una pequeña cantidad de aceite o *ghee* en un recipiente pequeño, se añaden las especias, friéndolas hasta que estén fragantes y el contenido es agregado a una receta previamente cocida, como el dhal (sopa) o el chutney.

3. **ESPECIAS CRUDAS:** Que se añaden a una receta; suele hacerse en algunas preparaciones como los rellenos de *samosas* (empanadas) y *kachoris*, porque son fritos. Esto permitirá un sabor fresco al servir.
Las recetas calientes y sazonadas no deben mezclarse con recetas sin sazonar. El uso de *ghee* (mantequilla clarificada) es lo más aconsejable; si no puede hacerlo, utilice mantequilla derretida, o en último caso aceite.
Las especias mencionadas aquí también tienen una función distinta a dar buen sabor; sirven para mantener la buena salud. Algunas de las especias usadas comúnmente son: orégano, salvia, comino, anís en grano, tomillo, semilla de cilantro, pimienta roja fresca, semillas de mostaza, jengibre, hojas de laurel y pimentón dulce. La mayoría de estas especias pueden adquirirse en tiendas y supermercados, pero algunas tendrán que ser obtenidas en negocios especializados en especias y condimentos. La utilización de condimentos picantes, y el sazonado en las recetas, pueden dosificarse de acuerdo al criterio personal.

INGREDIENTES ESPECIALES

1. **REQUESÓN (PANIR):** Caliente 1 litro de leche en un recipiente adecuado. Justo antes de que hierva, aparte del fuego y añada el jugo de un limón grande cuidando de distribuirlo con una espumadera. Vuelva a hervir. Cuando se formen grumos sólidos, filtre con una gasa. El suero se escurre aprisionando la gasa con un objeto pesado (guarde el suero para futuras recetas). Este es el queso mas recomendado para las preparaciones de este recetario; otras clases de queso se derriten al calor.

2. **QUESO DE NATA:** Deje nata fresca a temperatura ambiente hasta que se ponga ácida. Esto tardará dos días. Vierta la nata ácida en un tamiz limpio y deje que el líquido escurra. Saque el queso nata sólido de la bolsa.

3. **SALSA SAZONADORA ESPECIAL:** Clavos (1 parte), nuez moscada (1 parte), jengibre (1 parte), pimentón (2 partes), comino molido (2 partes). Mezcle las especias y fríalas en *ghee*.

4. **GHEE (Mantequilla clarificada):** El *ghee* es usado para freír y cocinar normalmente, y tiene un sabor muy delicado; siendo la mejor base para cocinar no hay un verdadero sustituto. Ponga la mantequilla en una olla. Caliente a fuego medio hasta que se derrita. Ponga el fuego al mínimo y deje la olla sin tapar. De vez en cuando saque los sólidos que se acumulan en la superficie con una espumadera. Sea cuidadoso de no quemar el *ghee* y manténgase retirando la espuma cada 10 minutos aproximadamente, hasta que el *ghee* tome un color ámbar cristalino y no suba a la superficie más espuma. Fíltrelo con un paño y déjelo enfriar y manténgalo en un lugar seco y fresco. Los sólidos se pueden utilizar en la preparación de panes, galletas, cereales y vegetales al vapor.

ARROCES

ARROZ CON ANACARDOS Y REQUESÓN

250 g de arroz (mejor *basmati*)
100 g de requesón prensado
100 g de anacardos
1/2 L de agua
3 clavos de olor
1 cdta de tomillo
ghee o aceite para freír
2 cdas de sal

Lave el arroz con agua fría y déjelo remojar durante 15 minutos y luego escúrralo. Corte el requesón en cubos de unos dos centímetros y fríalos a fuego medio hasta que estén bien dorados. Disuelva 1 1/2 cdas de sal y el tomillo en un recipiente de agua caliente o suero y ponga los cubos de queso a remojar. Agregue el resto de sal al agua para el arroz. Caliente el *ghee* o el aceite en una olla a fuego medio y fría los clavos de olor durante unos minutos. Agregue el arroz y remueva unos minutos; ahora agregue el agua salada al arroz y suba el fuego. Revuelva una vez, al hervir baje el fuego y déjelo cocinar durante 20 minutos sin destapar la olla. Aproveche este tiempo para tostar los anacardos, puede hacerlo en una sartén o en el horno cuidándolo de vez en cuando para que no se quemen. Destape la olla y deje que el agua se evapore durante 2 ó 3 minutos, agregue los cubos de *panir* escurridos, una cda de mantequilla y luego agregue los anacardos mezclando todo con un cucharón antes de servir.

ARROZ CON YOGUR

350 g de arroz (mejor *basmati*)
1/4 L de yogur
1/2 L de agua
1/2 guindilla sin semillas (opcional)
1 cdta de semillas de mostaza negra
1 cda de jengibre fresco rallado
1 cda de *ghee* o aceite
2 cdas de aceite vegetal o mantequilla
sal al gusto

Lave el arroz. Luego remójelo durante 15 minutos y déjelo escurrir en un colador. Caliente el *ghee* o aceite vegetal en una olla mediana y eche las semillas de mostaza. Tape la olla inmediatamente. Cuando las semillas de mostaza dejen de reventar, añada la guindilla picada (opcional) y revuélvalo una vez. Agregue el arroz y remuévalo friendo durante un minuto. Ponga entonces el agua y la sal y déjelo hervir. Deje que hierva un minuto, reduzca el fuego al mínimo y cocínelo de 18 a 20 minutos. 5 minutos antes de que el arroz esté completamente cocido, agregue el yogur y la mantequilla y revuelva rápidamente con un cucharón. Vuelva a tapar y cocine hasta que los granos estén blandos y el arroz haya absorbido la mayor parte del líquido. Deje que el resto del líquido se evapore cocinando el arroz durante 2 ó 3 minutos más con la olla destapada.

KITCHRI (arroz con menestra de verduras)

250 g de arroz (mejor *basmati*)
200 g de guisantes o de judías verdes cortadas
1 coliflor pequeña picada
1 cdta pimentón dulce molido
1 cda de jengibre fresco rallado
1 cdta de semillas de comino
1 cdta de pimienta negra molida
1 limón
1,25 L de agua
1 cda de mantequilla
3 tomates picados
1 cdta de tomillo
1 chili verde fresco picado sin semillas
2 cdas de *ghee* o aceite vegetal
sal al gusto

Ponga el agua a hervir. Mientras tanto lave las judías y el arroz separadamente, y déjelos escurrir. Agregue las judías o guisantes y el tomillo al agua hirviendo. Cocínelos con la olla parcialmente cubierta durante media hora (si usa judías verdes necesita menos tiempo) hasta que las judías o guisantes estén blandas pero no completamente cocidas. Agregue la sal, el arroz y tape la olla. Cocínelo a fuego lento durante 15 ó 20 minutos. Revuelva una o dos veces al comienzo para evitar que el arroz se acumule en la parte superior, mientras tanto lave y corte las coliflor y los tomates. Caliente el *ghee* o el aceite y fría el chili, el jengibre y las semillas de comino. Al cabo de unos segundos agregue el pimentón y la coliflor picada, revuélvala cuidadosamente hasta que se dore durante 4 ó 5 minutos. Ahora agregue el tomate picado, tape la olla y cocine de 7 a 8 minutos más revolviendo de vez en cuando hasta que las verduras estén tiernas. Agregue las verduras al arroz y sazónelo con un poco de pimienta. Mezcle todos los ingredientes y luego agregue el jugo de limón y la mantequilla por encima. Cocínelos a fuego mínimo hasta que esté más o menos seco. Si usa arroz integral tomará 15 minutos más de cocción. Se dice que un plato de Kitchri y un vaso de yogur pequeño es una fiesta para el pobre y a la vez digna de un rey.

BEBIDAS

BUTTERMILK (suero de yogur)

1 taza de yogur, 1 taza de agua

Licúe el yogur y el agua durante 1 ó 2 minutos, pase el líquido a un recipiente de boca ancha. Quite con una cuchara primero toda la espuma de la superficie y luego, preferiblemente, con una cuchara plana de metal o una espátula extraiga la capa de grasa que se forma en la superficie. Lo que queda es el buttermilk. Esta bebida es el mejor alimento para la digestión. Enciende el fuego digestivo e incrementa las enzimas digestivas, es buena para curar edemas, enfermedades del abdomen, hemorroides, diarrea, enfermedades del hígado, controla y disminuye el colesterol, elimina las grasas y ayuda a mantener el equilibrio ácido–alcalino en el estómago. Se recomienda tomar diariamente 1/2 vaso de buttermilk después de la comida principal al mediodía.

DAHI (crema de naranja)

Partes iguales de leche y jugo de naranja
azúcar moreno de caña

Endulce bien el jugo de naranjas y póngalo a licuar, entonces agregue leche hasta que se torne espumoso. Sírvase frío.

JUGO DE TAMARINDO

200 g de tamarindo
1 limón grande
1,5 L de agua
3 cdas de azúcar moreno de caña o de miel
3 cdas de jengibre fresco rallado
2 cdtas de comino molido y tostado
1 cda de hojas de menta picadas

Hierva el tamarindo en 1/2 Litro de agua durante 15 minutos. Luego extraiga todo el jugo y la pulpa a través de un colador. Agregue los demás ingredientes a este jugo, mezcle bien todo y déjelo reposar durante 15 minutos. Luego fíltrelo a través de una tela y dilúyalo en 1 litro de agua, agregándole el jugo de limón.

LASSI (refresco de yogur)

3 tazas de yogur
2 tazas de agua
azúcar de caña o miel al gusto
1/2 cdta de agua de rosas (opcional)

Licúe todos los ingredientes hasta que el líquido se vuelva espumoso.

SRIKHAM (crema de yogur)

1,5 L de yogur
300 g de azúcar moreno de caña

Ponga el yogur en una tela de algodón, cuélguelo y deje gotear sobre un recipiente, toda la noche o por lo menos durante 5 horas, y luego páselo a un recipiente. El yogur debe estar bien cremoso, espeso y debe haber reducido su volumen la mitad. Agregue el azúcar y revuelva bien con una batidora. Puede darle vista y sabor agregándole fresas, cáscara de limón o naranja rallada. Si desea también puede utilizar el Srikham al natural, sin azúcar.

TÉ DE JENGIBRE

1,25 L de agua
3 cdas de jengibre
3 cdas de miel
1 pizca de pimienta negra molida
3 cdas de jugo de limón o ralladura de naranja
hojas de menta o hierbabuena picadas (opcional)
Ponga el jengibre a hervir en agua durante 10 minutos. Luego retire la olla del fuego y cuando esté a no más de 40° (cuando no te quema el dedo) agregue la miel. Remueva bien y agregue la pimienta y el limón o jugo de naranja. Sirva caliente.

CHUTNEY (salsa picante-dulce)

CHUTNEY DE CILANTRO FRESCO

200 g de cilantro fresco sin tallos
4 cdas de coco rallado
1/4 L de yogur
2 cdas de jugo de limón
2 cdas de jengibre fresco
1 ó 2 guindillas picadas
1 cda de pimentón dulce molido
1 cdta de azúcar moreno de caña
1/2 cdta de semillas de comino tostado y molido
sal al gusto

Lave bien las hojas de cilantro. Licúelas junto con el coco, pimentón, jengibre, guindillas y jugo de limón hasta que formen bien una pasta. En un recipiente mezcle el yogur, azúcar, sal y comino con esta pasta; cúbralo y refrigere hasta que esté listo para servir.

CHUTNEY DE COCO

200 g de coco fresco
100 g de coco seco
2 cdas de jugo de limón
1 cda de azúcar moreno de caña
1 cda de jengibre fresco
1 ó 2 guindillas frescas picadas y sin semillas
1 cdta de cilantro
sal al gusto

Rompa el coco y separe su agua en un recipiente, píquelo en pedacitos pequeños y luego licúelo junto con los demás ingredientes. Agregue suficiente agua de coco o agua sola para que la mezcla sea blanda. Si desea, también puede utilizar yogur en lugar del agua de coco y obtendrá una textura cremosa.

CHUTNEY DE MANZANA

600 g de manzana
1 cdta de pimentón dulce molido
1 cdta de jengibre molido
1/2 cdta de canela molida
1/2 cdta de anís en grano
1 ó 2 guindillas secas picadas
2 clavos de olor
1 cdta de tomillo
4 cdas de agua
3 cdas de azúcar moreno de caña
1 cda de *ghee* o aceite vegetal

Lave y pele las manzanas quitándoles las semillas. Luego píquelas en pedacitos pequeños. Caliente en una olla el *ghee* o aceite y cuando empiece a humear, eche el jengibre, canela, anís, guindillas y clavos. Revuelva hasta que el anís esté oscuro (unos 30 segundos). Inmediatamente, agregue el tomillo y luego el pimentón y los pedacitos de manzana; revuélvalos hasta que las manzanas estén doradas (unos 5 ó 6 minutos); luego agregue el agua. Tape la olla y cocine durante 15 minutos, revolviendo de vez en cuando hasta que las manzanas estén blandas. Deshaga las manzanas con un tenedor o cuchara en la olla, y luego añada el azúcar; aumente el fuego y revuelva continuamente hasta que el chutney se espese. Sirva a temperatura ambiente.

DULCES

ARROZ BENGALÍ

1 taza de arroz (mejor *basmati*)
1 taza de yogur
2 cdas de azúcar moreno de caña
miel al gusto
1 taza de frutas picadas (papaya, plátano, higos, pasas, manzanas, fresas, duraznos, etc.)

Cocine el arroz utilizando 1 y 3/4 de taza de agua con el azúcar moreno. Una vez cocido el arroz, cámbielo de recipiente y déjelo enfriar. Luego agregue las frutas picadas y el yogur con miel al gusto.

RODAJAS DE PLÁTANO EN SALSA DE YOGUR

1/2 L de yogur
4 plátanos maduros pequeños
2 cdas de *ghee* o aceite
1 guindilla verde fresca picada sin semillas (opcional)
2 cdtas de semillas de mostaza
3 cdas de hojas de menta o hierbabuena picadas
sal al gusto

Pele los plátanos y córtelos en rodajas de 3mm. En un recipiente bata el yogur, la sal y las hojas de menta, luego agregue los plátanos. En una sartén pequeña caliente el *ghee* o el aceite a fuego medio. Cuando esté caliente, agregue las semillas de mostaza y tape la sartén. Saque la sartén del fuego cuando las semillas ya no revienten. Eche la guindilla (opcional) y remueva para mezclar, luego vierta esto en la olla del yogur y los plátanos. Mézclelo bien y tape la olla. Ponga la olla en el refrigerador una hora antes de servir.

BOLITAS DE GRANOLA

2 tazas de copos de avena
1/4 taza de semillas de sésamo
1/4 taza de coco rallado seco
1/4 taza de pasas picadas
1/4 taza higos secos picados
miel

Tueste la avena y cuando ya esté casi lista agregue el sésamo y revuelva todo rápidamente hasta que esté tostado. Agregue el coco (el cual si desea puede tostar bien), las pasas y los higos, mezcle bien. Agregue la miel lentamente y haga una masa. Forme bolitas de 3 cm de diámetro.

BOLITAS DULCES

1 taza de leche en polvo
2 cdas de mantequilla
1 taza de azúcar moreno molida

Mezcle bien la leche con el azúcar y luego agregue la mantequilla de a poco hasta formar una masa que pueda manipular. Haga bolitas de 3 cm de diámetro. Si desea puede pasarlas por coco rallado o agregue a la masa ralladura de naranja.

CREMA DE PIÑA

1 piña
500 g de patatas
250 g de requesón
2 cdas de *ghee* o aceite
1 cdta de semillas de mostaza
1 pizca de tomillo
1 pizca de pimienta negra molida
1 cdta de comino en grano
1 cdta de orégano
1 cdta de sal

Caliente el *ghee* o el aceite en una olla, fría el comino, las semillas de mostaza molidas y la pimienta. Agregue la piña picada en pequeños cuadraditos quitándole la parte del centro, revuelva bien y deje cocinar en su propia agua con la olla tapada. Licúe el queso con un poco de suero o agua con la sal, el tomillo y el orégano hasta que quede una crema suave. Cuando la piña esté suave, agregue las patatas cortadas en cuadraditos previamente horneados o fritos, luego agregue la crema y cocine un poco más hasta que se espese un poco.

HALAVA

250 g de sémola de trigo
0,5 L de agua o leche, o la mitad de cada una
250 g de azúcar moreno de caña
125 g de mantequilla
100 g de pasas

Ponga el azúcar en el agua o leche, y hiérvala durante 1 minuto. Agregue las pasas y baje el fuego. En una olla derrita la mantequilla, agregue la sémola y revuelva con una cuchara de palo por 10 ó 15 minutos, hasta que esté bien dorada, y suene como arena. Lentamente eche el líquido endulzado en la olla donde está la sémola con una mano, mientras con la otra va removiendo. Tenga cuidado, la sémola salpicará conforme el líquido la toque. Revuelva bien para deshacer los grumos. Tape la olla y deje cocinando por 2 ó 3 minutos, hasta que la sémola absorba el líquido y se vuelva espesa.

HALAVA DE FRUTAS

5 o 6 manzanas medianas, peladas y cortadas en trocitos
150 g de pasas
2 cdas de mantequilla
200 g de azúcar moreno de caña

Caliente la mantequilla en una olla y fría las manzanas por 4 ó 5 minutos. Cuando estén blandas y doradas, agregue 2 cdas de agua, baje el fuego y cocine sin tapar por 15 minutos hasta que las manzanas se deshagan. Deshaga los grumos con una cuchara y revuelva continuamente. Agregue el azúcar y continúe revolviendo hasta que la mezcla se convierta en una masa y no se pegue a la olla. Aumente el fuego y revuelva continuamente. Cuando se espese y la mezcla se vuelva transparente en los bordes, saque la olla del fuego. Eche las pasas, cocine 2 minutos más y saque la olla del fuego. Coloque la preparación en una fuente, y cuando esté fría, divídala en rectángulos pequeños.

HALAVA DE ZANAHORIA

500 g de zanahorias frescas
1/2 L de leche
3 cdas de pasas
50 g de mantequilla
200 g de azúcar moreno de caña

Pele las zanahorias y rállelas. Derrita la mantequilla en una olla y eche las zanahorias ralladas. Tape la olla y cocínelas a fuego medio por 10 minutos, removiéndolas para evitar que se quemen. Agregue el azúcar, leche, pasas y mantequilla restante. Cocine 15 ó 25 minutos más, hasta que la *halava* se endurezca y se forme una masa. Ponga la *halava* en una fuente para que se enfríe. Ponga al refrigerador durante 30 minutos si lo desea.

PLÁTANOS CELESTIALES

8 plátanos maduros
250 g de requesón
1 taza de yogur
2 cdas de mantequilla
4 cdas de azúcar moreno de caña
1/2 cdta de canela en polvo
ghee para freír

Corte los plátanos a lo largo y fríalos en un poco de *ghee*. Después unte con mantequilla un molde de tarta y ponga las mitades en el fondo. Ahora haga una crema con el azúcar, el requesón y la canela. Vierta la crema sobre los plátanos, eche encima la mantequilla y después el yogur. Luego coloque en el horno caliente por espacio de 20 minutos aproximadamente.

RASAGULA

250 g de requesón
1/2 L de agua
250 g de azúcar moreno de caña
1 cda de agua de rosas (opcional)

Desmenuce el requesón sobre la superficie. Amáselo vigorosamente con la palma de las manos, hasta que la masa se vuelva suave y sienta las manos grasosas. Ahora forme bolitas del tamaño de una nuez, que sean perfectamente redondas y suaves, sin ninguna rajadura. Haga un almíbar hirviendo el agua y el azúcar durante 5 minutos en una olla. Ponga la mitad del almíbar nuevamente al fuego y suavemente ponga las bolitas en el almíbar. Deje espacio suficiente como para que se inflen (normalmente aumenta el doble de su tamaño). Controle el fuego de tal manera que el agua hierva constantemente pero a fuego lento. Tape la olla y cocine durante 10 minutos más hasta que las bolitas estén hinchadas y esponjosas. Mientras se están cocinando las bolitas rocíe agua fría sobre ellas 1 ó 2 veces. Esto las vuelve esponjosas y blancuzcas. Ahora cuidadosamente transfiera las bolitas al almíbar frío. Refrigérelo.

SANDESH

550 g de requesón y 150 g de azúcar moreno de caña

Corte la leche y separe el requesón, tal como se describe en la receta «Queso Requesón». Enjuague el requesón en agua fría, y exprima el exceso de agua apretando la tela varias veces. Deje colgando el requesón durante 45 minutos, o ponga algo pesado encima durante 20 minutos para que seque ligeramente. Amase bien el requesón sobre una superficie limpia, hasta que su textura granulada desaparezca y se obtenga una masa suave sin grumos. Cuanto más suave esté la masa, mejor saldrá la receta. Divida la masa en dos. Tome una mitad y amásela con el azúcar. Luego tome esta mezcla y cocínela en la olla a fuego lento, revolviéndola constantemente con una cuchara de palo. La masa pronto se ablandará para luego espesarse nuevamente. Cuando esté espesa y se separe del fondo de la olla (esto tomará de 4 a 6 minutos), sáquela del fuego. Evite cocinarla demasiado porque se pondrá seca y granulosa. Finalmente, mezcle la masa cocida con la que no lo está, amasándolas bien; luego, aplánela y córtela en cuadraditos cuando esté fría. Puede rociar una capa de coco rallado, crudo o tostado sobre la superficie.

LEGUMBRES

GUISANTES Y TOMATES CON BOLITAS DE QUESO

500 g de guisantes
250 g de tomates
Requesón de 2 L de leche
1 taza de suero
4 cdas de *ghee* o aceite vegetal
2 cdtas de pimentón dulce molido
1 cdta de jengibre molido
1 cda de tomillo
1/4 de cdta de pimienta negra molida
2 hojas de laurel
ghee o aceite vegetal para freír
sal al gusto

Deje colgado el requesón por 3 ó 4 horas y guarde una taza de suero. Haga bolitas de queso de la siguiente forma: amase el requesón hasta que esté aceitoso y muy suave; con los dedos saque porciones y forme bolitas. Use Maizena en las manos para que no se pegue el queso. El *ghee* o aceite debe estar a fuego medio. Remuévalas para que se doren bien y luego sáquelas y póngalas aparte. En una olla ponga *ghee* o aceite a calentar y agregue todas las especias excepto la sal. Caliente por un minuto o dos y agregue los tomates. Cuando los tomates se hayan reducido un poco, agregue los guisantes y el suero. Baje el fuego y cocine hasta que los guisantes estén tiernos. Agregue la sal y remueva. Agregue las bolitas de queso y siga cocinando por 15 minutos más a fuego lento.

GARBANZOS CON VERDURAS

100 g de garbanzo remojado durante la noche
450 g de espinacas picadas
450 g de berenjenas cortadas en cubos
4 tomates picados
4 cdas de agua
2 hojitas de laurel
1 cdta de tomillo
1 rama de perejil

1 cdta de jengibre molido
1 cdta de semillas de comino
1 guindillas verdes frescas y picadas
1 cdta de cilantro molido
1 cda de mantequilla
1 cda de *ghee* o aceite vegetal

En una olla hierva los garbanzos hasta que estén blandos, luego escúrralos. En una sartén caliente el *ghee* o aceite a fuego medio, cuando esté caliente eche las semillas de comino, las guindillas picadas, el laurel y especias, poco a poco. Fríalos cerca de 30 segundos, luego agregue las berenjenas y remueva con una cuchara hasta que estén doradas. Ahora agregue los tomates y las espinacas. Remueva todo para mezclar las especias con las verduras. Eche el agua y agregue la sal. Tape la olla y cocine a fuego medio. Después de 10 minutos, agregue los garbanzos, luego la mantequilla y remueva cada 2 ó 3 minutos hasta que el exceso de líquido se haya evaporado. Sirva caliente.

CHANNA MASALA (garbanzo condimentado)

250 g de garbanzos
2 cdas de jugo de limón
1/2 cdta de jengibre
1 cdta de pimentón dulce molido
1/2 cdta de pimienta negra molida
sal al gusto

Remoje los garbanzos durante la noche; el agua debe estar al doble del nivel de los garbanzos. Escurra los garbanzos y póngalos en una olla de tamaño mediano y añada agua suficiente como para cubrirlos. Saque la espuma que pueda formarse en la superficie. Tape la olla y déjela hervir de 45 minutos a 1 hora, o hasta que el garbanzo esté lo suficientemente suave como para que pueda ser partido con los dedos. Ahora escurra los garbanzos y transfiéralos a otra olla. Añada el jugo de limón, las especias, la sal y mezcle bien.

CHANNA RAITA (garbanzo frito con yogur)

175 g de garbanzos
150 ml de yogur
4 cdtas de *ghee* o aceite

1 cdta de cilantro molido
1/4 cdta de pimienta negra molida
sal al gusto

Remoje los garbanzos durante la noche. Escúrralos y póngalos en una olla de tamaño mediano y añada suficiente agua como para cubrirlos. Añada 1,5 cdtas de sal. Hierva durante 10 minutos y saque la espuma que pueda formarse en la superficie. Tape la olla y déjela a fuego mediano. Cocine hasta que los garbanzos estén blandos. De vez en cuando vea que haya suficiente agua como para que no se quemen. Luego escúrralos. Caliente el *ghee* o el aceite en otra olla a fuego mediano. Añada el cilantro molido y remueva una vez. Luego, inmediatamente, añada los garbanzos escurridos. Revuélvalos constantemente con una cuchara mientras se fríen durante 8 ó 10 minutos. Cuando empiecen a mostrar manchitas marrones saque la olla del fuego y agréguele el yogur. Sazone con sal y pimienta. Sirva caliente.

HELADOS

HELADO DE FRESA

2 tazas de yogur
1 taza de requesón (*panir*)
1/2 taza de leche en polvo
500 g de fresas
1,5 tazas de azúcar moreno de caña

Licúe el yogur con las fresas y el azúcar. Luego agregue el requesón poco a poco mientras se licúa. Finalmente agregue la leche en polvo. Póngalo en el refrigerador.

HELADO DE VAINILLA

1,5 tazas de nata
1/2 taza de leche en polvo
1/2 taza de yogur
1/2 taza de azúcar moreno de caña
1,5 cdtas de vainilla molida

En un recipiente combine la nata, el azúcar y la vainilla. Mezcle con una batidora hasta que obtenga una textura espesa. Agregue la leche en polvo y el yogur, siga batiendo 30 segundos más, bajando la velocidad. Tape y ponga en el refrigerador. Revuélvalo cada 45 minutos hasta que esté congelado.

PANADERÍA

CHAPATIS (tortas de harina integral sin levadura)

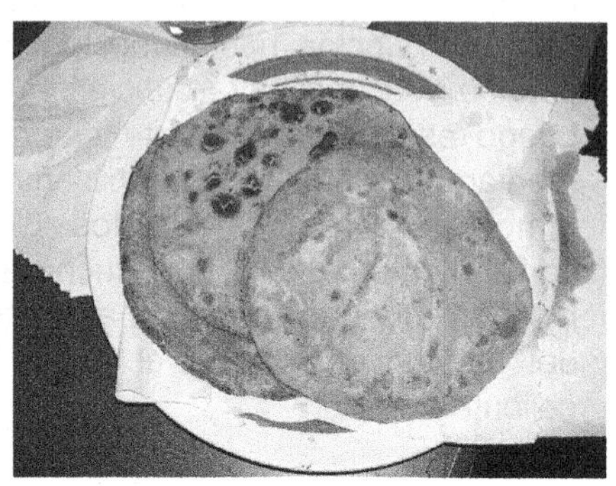

250 g de harina integral
100 g de harina blanca
un poco de agua tibia
1 cda de mantequilla o *ghee*
sal al gusto

En un recipiente mezcle las harinas y la sal, agregando el agua gradualmente hasta conseguir una masa firme pero suave. Amásela durante 10 minutos de tal forma que le entre aire. Déjela reposando cubierta durante 30 minutos como mínimo. Enharine la tabla o la mesa y divida la masa en bolitas de 3 cm de diámetro, aplaste las bolitas con el rodillo para obtener tortas delgadas de unos 10 a 12 cm de diámetro.
Tome una sartén o plancha gruesa y caliéntela. En ella coloque los *chapatis* de uno en uno, unos instantes de cada lado hasta que aparezcan burbujitas en la superficie sin que se quemen. Luego con una pinza apropiada coloque el *chapati* sobre un fuego directo, también brevemente de cada lado. El *chapati* deberá inflarse. Esto toma unos cinco segundos de cada lado repitiéndolo un par de veces. El *chapati* mostrará pequeños puntos o manchitas marrones en la superficie. Cuando está todavía caliente, si desea, puede untarlo con *ghee* o mantequilla. Es bueno servirlos calientes para acompañar diferentes platos. No se desanime si el *chapati* no se hincha; esto toma siempre un poco de práctica.

ATTA DOSHA (torta de harina integral)

275 g de harina integral
1/2 L de agua tibia
1 guindilla verde fresca picada

1 cda de hojas de cilantro picadas
sal al gusto

En una olla grande mezcle todos los ingredientes. Añada poco a poco el agua batiendo la mezcla hasta obtener una pasta suave. Con una tela cubra la olla y déjela por lo menos media hora. Coloque la sartén a fuego medio. Bata la pasta nuevamente (la consistencia debe ser casi líquida). Salpique unas cuantas gotas de agua sobre la sartén.
Si rebotan salpicando la sartén, está lista. Ponga 4 cdas de la pasta y use el mango de una cuchara para expandirla con un movimiento circular, comenzando desde el centro. Esta cantidad de pasta forma una tortita delgada de cerca de 20 cm de diámetro. Cocine durante 2 ó 3 minutos hasta que la pasta tome un color marrón dorado. Voltee la pasta una vez. Cocinar el otro lado toma la mitad de tiempo que tomó el primero.

CROQUETAS DE ESPINACA

450 g de espinaca fresca
275 g de harina de garbanzo
200 g de requesón
1 cda de *ghee* o aceite
1 cdta de jengibre molido
1 cdta de pimentón dulce molido
2 guindillas secas molidas (opcional)
1/2 cdta de tomillo
1/2 cdta de cilantro molido
ghee o aceite para freír
sal al gusto

Lave bien las espinacas y quite los tallos grandes, luego sumerja las hojas en agua hirviendo por unos minutos. Escúrralas bien, apretándolas. Pique las hojas. En una olla mediana, caliente el *ghee* o el aceite y fría el pimentón, jengibre, guindillas y luego las especias molidas. Añada el requesón desmenuzado, remueva para que se fría durante un minuto. Luego añada las espinacas. Agregue la sal y mueva bien los ingredientes con una cuchara. Ponga la mezcla sobre una superficie plana, añada la harina de guisante y amase bien. Una vez amasada, forme bolitas de 2.5 cm y fríalas en *ghee* o aceite hasta que tomen un color ligeramente marrón. Luego coloque las bolitas en un recipiente de tal manera que escurran. Puede servirlas acompañadas de salsa de tomate.

PASTEL DE ESPINACAS

2 k de espinacas
3/4 k de tomates
400 g de queso
500 g de harina integral
100 g de mantequilla
1 cda de semillas de sésamo
1/2 cdta de comino molido
1 cdta de orégano
1 cdta de pimienta negra molida
1,5 cda de *ghee* o aceite
1 taza de agua
1 cda de sal

Haga una masa con la harina integral, la mantequilla y el agua. Tome la mitad de esta masa y extiéndala sobre un molde. Hornéela durante diez minutos. Mientras tanto lave y cocine las espinacas hasta que estén suaves, luego píquelas bien. Ponga a calentar el aceite y agréguele el comino y las semillas de sésamo previamente molidas. Al cabo de 1 minuto agregue la pimienta y después la espinaca y la sal. Revuelva durante 5 minutos y cuando esté listo póngalo sobre la masa previamente horneada. Corte el queso en porciones delgadas y póngalo sobre la espinaca. Corte el tomate en rodajas (si desea fríalo con el orégano) y póngalo sobre el queso. Extienda la otra parte de la masa cubriendo todo el relleno. Hornee durante 15 ó 20 minutos.

PASTEL DE VERDURAS

500 g de judías
250 g de zanahorias
600 g de requesón
100 g de aceitunas
250 g de harina integral
2 mazorcas de maíz
1/2 taza de agua
1 pimiento
2 cdta comino en grano

1 cda de jengibre fresco
1 cda de orégano
50 g de mantequilla
1 cda de *ghee* o aceite
sal al gusto

Prepare la masa con la harina integral, la mantequilla y el agua, extiéndala sobre un molde engrasado con mantequilla. Póngala a hornear durante 10 minutos. Ralle las zanahorias, pique las judías y desgrane las mazorcas. Ponga todo a cocinar. Cuando esté listo saque las verduras de la olla y escúrralas bien en un colador. Caliente el ghee o el aceite y ponga a freír el comino; a los pocos segundos, agregue el pimiento picado y el jengibre. Agregue las verduras junto con el orégano y cocínelas hasta que estén suaves. Agregue la sal, los 400 g de queso y revuelva todo bien durante 3 minutos. Vierta esto sobre la masa horneada y cúbralo con el resto del queso. Ponga las aceitunas cortadas por la mitad encima del queso y hornee durante 10 ó 15 minutos.

PURIS (tortas de harina integral)

250 g de harina integral
100 g de harina blanca
150 ml de agua tibia
1 cda de mantequilla
ghee o aceite vegetal para freír
sal al gusto

Mezcle las dos harinas y la sal en un recipiente junto con la mantequilla. Agregue el agua poco a poco y mézclela hasta formar una masa. Ponga un poco de mantequilla en sus manos y amase durante 5 minutos hasta que quede suave y firme. Ponga el *ghee* o aceite en una sartén a fuego medio. Mientras tanto unte con unas gotas de *ghee* o aceite la superficie que va a utilizar (No use harina porque se quema y arruina el aceite). Divida la masa en 12 partes iguales. Haga bolitas y con un rodillo amáselas delgadas e iguales. Póngalas en el *ghee* o aceite caliente, el *puri* se hundirá por un segundo y luego saldrá a la superficie, inmediatamente sumérjalo suavemente utilizando una espumadera, hasta que se hinche como un globo. Fría el otro lado durante unos pocos segundos más y entonces saque el *puri* del aceite y colóquelo en un colador para que se escurra. Sirva los *puris* calientes con cualquier comida, o como un tentempié untado con miel, queso fresco, dulces, etc.

SOPAS

CREMA DE VEGETALES

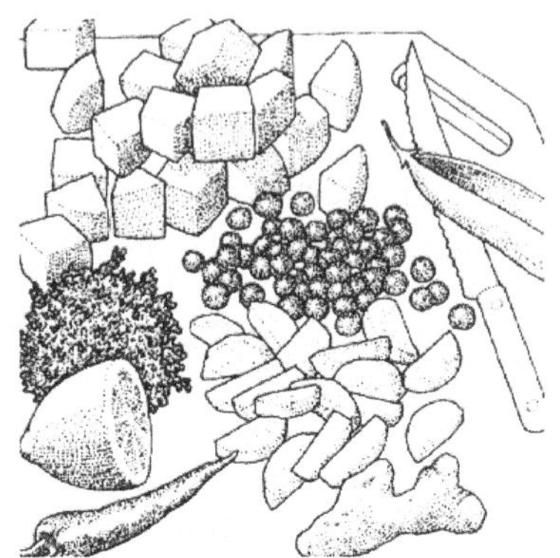

1/2 k de vegetales picados (espinaca, acelga, zanahoria, apio, judías)
1/2 L de nata
1,5 L de agua
2 hojas de laurel
1 cda de cilantro fresco
1 rama de tomillo
1 cdta de pimienta negra molida
2 cdas de harina
3 cdas de mantequilla
3 cdas de *ghee* o aceite vegetal
sal al gusto

Caliente el *ghee* o aceite en una olla. Fría las hojas de laurel, cilantro y tomillo durante unos pocos segundos, entonces inmediatamente agregue los vegetales picados y saltéelos durante unos 5 minutos. Ahora agregue el agua y la pimienta. Tape la olla y deje cocinar a fuego medio, revolviendo de vez en cuando, hasta que los vegetales estén suaves y tiernos. Agregue la sal. Deje los vegetales intactos o si prefiere aplástelos o licúelos. Si lo hace así, no olvide sacar las hojas de laurel y el tomillo antes. Mientras los vegetales se cocinan, caliente la mantequilla en una olla o sartén aparte y luego agregue la harina friéndola cuidadosamente un par de minutos hasta que se vuelva marrón. Agregue un poco de agua caliente y luego la nata y remueva rápido durante 2 minutos hasta que se forme una crema gruesa. Mézclela con la sopa y haga hervir todo por dos minutos. Luego sírvala.

DAHL

1 taza de guisantes
2 tomates
1/2 cdta de semillas de mostaza
1/2 cdta de semillas de comino

1/2 cdta de jengibre molido
1/2 cdta de pimentón dulce molido
1/2 guindilla picada sin semillas (opcional)
7 tazas de agua
cilantro fresco
perejil fresco
5 cdas de *ghee* o aceite
sal al gusto

Ponga el agua a hervir en una olla mediana. Una vez hervida ponga los guisantes previamente lavados a cocinar a fuego fuerte. Al cabo de unos 30 minutos, cuando los guisantes hayan reventado y estén blandos, póngales la sal. Por otro lado, en una sartén pequeña ponga el aceite a calentar y fría primero las semillas de comino y mostaza junto con el jengibre; luego agregue el pimentón y la guindilla. Cuando esto se dore agregue el tomate picado y revuelva durante tres minutos. Vierta esto en la olla y déjelo hervir junto con los guisantes por espacio de cinco minutos, al final agregue la sal, el perejil y el cilantro. Sírvalo caliente.

SOPA DE LENTEJAS CON LIMÓN

1 taza de lentejas
1 patata pelada y picada en cubitos
1 taza de apio picado
3 cdas de *ghee* o aceite
1/4 taza de hojas de cilantro fresco
1/4 taza de hojas de perejil fresco
1 taza de acelga picada
2 cdas jugo de limón
6 tazas de agua
1/2 cdta de pimienta negra molida
1 cdta de cilantro molido
1/2 cdta de comino molido
sal al gusto

Lave bien las lentejas, póngalas a hervir en una olla con agua durante 35 minutos. En otra olla, caliente el *ghee* o el aceite y agregue la pimienta negra y la patata. Fríalas por 2 minutos a fuego fuerte. Agregue el apio y fríalo durante un minuto, luego eche todo esto en la olla de las lentejas y déjelo cocinar durante 10 minutos. Agregue la acelga, cilantro molido, comino en polvo y jugo de limón. Cocínelo 10 minutos más. Luego agregue el perejil, hojas de cilantro y sal. Sirva caliente.

SOPA DE TOMATE

2 k de tomates
1/4 L de crema ácida
4 cdas de *ghee* o aceite vegetal
1 cdta de cilantro molido
1 cda de azúcar moreno de caña
4 cdas de cilantro fresco
1 pizca de pimienta negra molida
2 cdas de mantequilla
2 cdas de harina
1 cda de jugo de limón
sal a gusto

Lave los tomates y córtelos en trocitos. Caliente el *ghee* o el aceite en una olla y fría el cilantro durante unos pocos segundos. Agregue los tomates. Cocine los tomates a fuego medio durante unos 20 ó 25 minutos. Licúe los tomates o aplástelos a través de un colador y póngalos de nuevo en la olla. Agregue las hojas de cilantro, el azúcar, la sal y la pimienta. En una sartén caliente la mantequilla y fría la harina a fuego lento (si desea en vez de harina puede utilizar sémola de trigo); cuando esté dorada agregue un poco de agua caliente y la crema ácida y remueva rápido durante 2 minutos hasta que se forme una crema gruesa. Al final, agregue el jugo de limón y sirva bien caliente. Si desea puede agregar a esta sopa trocitos de pan tostado.

VERDURAS

COLIFLOR CON PATATAS

1 coliflor tamaño mediano
450 g de patatas peladas, en cubos
1/4 L de yogur
2 tomates cortados en rodajas
2 cdas de *ghee* o aceite
1 ó 2 guindillas sin semillas (opcional)
1 cdta de semillas de comino
1 cdta de cilantro molido
1 cdta de tomillo
4 cdas de agua
1 limón
sal al gusto

Corte la coliflor en forma de arbolitos, enjuáguelos y déjelos escurrir. Caliente el *ghee* o aceite en una sartén grande a fuego medio. Eche las semillas de comino y las guindillas molidas (opcional) y fríalos por 30 ó 45 segundos hasta que las semillas se doren. Agregue las especias molidas, fríalas por unos segundos más y luego agregue las patatas. Revuelva las patatas por 2 ó 3 minutos dejándolas que se doren ligeramente. Ahora añada la coliflor y fríala removiendo por otros tres minutos. Luego agregue el agua y tape la olla. Cocine a fuego medio revolviendo ocasionalmente durante 10 minutos, hasta que las verduras estén tiernas. Finalmente, agregue la sal y el yogur y déjelo cocinar por unos minutos hasta que tome una consistencia espesa. Al servir adorne los platos con rodajas de tomate y échele unas cuantas gotas de limón.

ENSALADA DE PEPINO CON YOGUR

2 pepinos medianos
1/4 L de yogur
1/2 cdta de semillas de comino
1/4 cdta de pimienta negra molida
sal al gusto

Tueste las semillas de comino y muélalas. Ralle los pepinos con la parte grande del rallador. Escúrralos y luego mézclelos con los demás ingredientes. Sirva frío.

COLIFLOR FRITA CON PATATAS Y REQUESÓN

1 coliflor de tamaño mediano, picada en forma de arbolitos
4 patatas peladas y picadas en cubitos
225 g de requesón, cortado en cubitos
575 ml de agua
1 cda de *ghee* o aceite
1/2 cdta de semillas de mostaza
1 ó 2 guindillas picadas sin semilla (opcional)
1 cda de jengibre fresco
1 cdta de pimentón dulce molido
3 hojas de laurel
1 cdta de tomillo
1 cdta de cilantro molido
cilantro fresco
perejil fresco
sal al gusto

Caliente el *ghee* o aceite en una olla mediana a fuego medio. Ponga las semillas de mostaza y tape la olla de tal manera que no puedan salpicar fuera de la olla. Cuando terminen de salpicar, añada guindillas (opcional), jengibre y las hojas de laurel. Remuévalos por 30 segundos; luego ponga las especias molidas removiendo e inmediatamente añada el agua. Aumente el fuego para que hierva rápido y luego cocine a fuego lento. Mientras se cuecen a fuego lento, fría separadamente las patatas y el queso cortados en cubitos hasta que adquieran un color marrón dorado, luego escurra. Fría la coliflor en forma de arbolitos hasta que estén ligeramente dorados y parcialmente cocidos. Ahora ponga la coliflor en la olla donde están las especias, tape la olla y cocine a fuego lento. Después de cinco minutos, destape la olla y añada las patatas y el queso frito; mueva una vez y déjelos cocinando por 2 ó 3 minutos más. Luego eche la sal y espolvoree el cilantro fresco, las hojas de perejil y remueva.

ESPINACA AL VAPOR CON REQUESÓN

500 g de espinaca fresca sin tallo
250 g de requesón cortado en cubitos
150 ml de yogur (opcional)
cilantro fresco
1/2 cdta de cilantro molido
1/4 cdta de pimienta negra molida
1 cda de *ghee* o aceite vegetal
3 cdas de agua
1/2 cdta de azúcar moreno de caña
sal al gusto

Lave las espinacas, escúrralas y luego píquelas bien. En una olla, caliente el *ghee* o aceite a fuego medio y fría las especias en polvo. Ponga las espinacas picadas en la olla con tres cdas de agua. Tape la olla hasta que la espinaca esté blanda; esto tomará cerca de 10 minutos. Ahora agregue el yogur (opcional) y los cubitos de queso. Agregue la sal y el azúcar, revuelva bien y continúe cocinando por 5 minutos más a fuego lento.

ESPINACAS CON SALSA DE YOGUR

500 g de espinacas frescas
1/2 L de yogur
1 cdta de semillas de comino, tostadas y molidas
1/4 cdta de pimienta negra molida
sal al gusto

Quítele los tallos a la espinaca y lávela varias veces, luego cocínela en agua hirviendo hasta que esté suave. Escurra presionándola para sacar toda el agua y luego píquela bien. Ponga el yogur en un recipiente junto con la espinaca y las especias y mezcle todo con un tenedor.

PAKORAS (fritos de coliflor)

1 coliflor mediana (cortada en forma de arbolitos)
1,5 tazas de harina de garbanzo o integral
de 1/2 a 3/4 de taza de agua
1 cdta de comino en polvo

1 cdta de cilantro molido
1/2 cdta de tomillo
ghee o aceite para freír
sal al gusto

En un recipiente mezcle la harina y las especias. Agregue agua hasta que tome una consistencia pastosa. Caliente el *ghee* o aceite en una olla o sartén. Sumerja los trozos de coliflor en la pasta hecha anteriormente, tratando de que queden completamente cubiertos por ella. Póngalos entonces a freír en el aceite caliente. Primero se hundirán hasta el fondo de la olla y luego saldrán a la superficie. Fríalos durante 10 ó 15 minutos, revolviendo de vez en cuando hasta que adquieran un color marrón dorado. Si desea puede servirlos con salsa de tomate. Esta misma receta puede llevar patatas, berenjenas, tomate, etc. en vez de coliflor.

PATATAS CON SALSA DE COCO Y YOGUR

6 patatas medianas
100 g de coco rallado
1/2 L de yogur
2 tomates cortados en 8 pedazos cada uno
1 cda de *ghee*
1 cdta de semillas de mostaza
1 cda de jengibre fresco
1 cdta de pimentón dulce molido
1 guindilla picada (opcional)
varias ramas de perejil
sal al gusto

Hierva las patatas con la piel hasta que estén blandas, pélelas y pique en cubitos, póngalas en un recipiente y refrigérelas. Mezcle el yogur, la sal y el coco rallado. Caliente el *ghee* en una olla pequeña, tueste las semillas de mostaza y tape la olla inmediatamente, hasta que las semillas terminen de reventar. Luego agregue el jengibre y la guindilla y revuelva durante unos pocos segundos, y después añade el pimentón. Eche estas especias en el recipiente del yogur junto con las patatas, mezcle bien hasta que las patatas estén ligeramente cubiertas por el yogur y las especias. Sirva frío y adornado con perejil y rodajas de tomate.

GLUTEN (carne vegetal)

harina de trigo

Haga una masa con harina de trigo y agua y déjela remojar, sumergida en un recipiente con agua, por lo menos durante 3 horas. Luego lávela una y otra vez cambiando el agua, hasta que haya eliminado todo el almidón, transformándose en una masa elástica (gluten). Colóquela dentro de una tela bien ajustada y cocínela dentro de una olla con agua, sal y especias (orégano, laurel, pimienta, etc.) durante una hora aproximadamente. Luego puede cortarla en trocitos y agregarla a diversos platos (guisos, sopas, etc.). También se puede freír como hamburguesa y servir con salsa de tomate. El gluten en polvo también puede encontrarse en tiendas especializadas.

PATATAS DORADAS (Patatas Gouranga)

8 patatas medianas
250 g de requesón
1,5 tazas de yogur
1 cdta de tomillo
1 cdta de pimienta negra molida
 cilantro fresco
2 cdas de mantequilla
sal al gusto

En una olla grande ponga a cocinar las patatas sin pelarlas; un poco antes de que estén cocidas completamente sáquelas del agua y déjelas enfriar. Luego pélelas y córtelas en rodajas de 1 cm de ancho aproximadamente. En otro recipiente mezcle el requesón, el yogur, la mantequilla, las especias y la sal hasta formar una crema homogénea. En una fuente enmantequillada coloque las patatas formando una capa que cubra toda la superficie, encima coloque la crema, luego otra capa de patatas, luego nuevamente la crema (de acuerdo al tamaño de la fuente pueden resultar dos o tres capas), ponga la fuente al horno durante 25 minutos. Sirva caliente.

PLATO DE VERDURAS AGRIDULCE

4 patatas peladas y picadas en cubitos
175 g de tamarindo
3 calabacines pequeños cortados en cubitos
3 zanahorias picadas
1 piña cortada en cubitos
100 g de azúcar moreno de caña
275 g de requesón cortado en cubitos
75 ml de suero
2 cdas de *ghee* o aceite
1 cdta de semillas de comino
2 cdas de jengibre fresco
1 cdta de pimentón dulce fresco
2 guindillas picadas (opcional)
1/2 cdta de pimienta negra molida
2 cdtas de cilantro molido
3 tallos de apio cortados en cubitos
sal al gusto

Haga un jugo de tamarindo. Luego caliente el *ghee* en una olla grande y fría las semillas de comino, luego el jengibre, y las guindillas. Enseguida fría la pimienta molida durante unos segundos y después añade el pimentón. Agregue el suero y déjelo a fuego lento por un momento. Añada el jugo de tamarindo, el azúcar moreno, los trozos de piña, las zanahorias picadas y el cilantro molido. Deje que hierva hasta que espese, moviendo de vez en cuando para evitar que se queme. Mientras tanto fría los cubitos de queso hasta que adquieran un color ligeramente dorado. Luego añada los calabacines y tape la olla, cocine hasta que estén ligeramente blandos. Luego añada los cubitos de requesón fritos, los tomates, el apio y la sal. Muévalos bien. Si utiliza patatas fritas añádalas después de que el requesón haya absorbido el líquido y se haya vuelto jugoso. Tape la olla y cocine hasta que todos los ingredientes estén blandos.

PURE DE BERENJENAS, ESPINACA Y TOMATES

900 g de berenjenas peladas y cortadas en cubitos
450 g de hojas de espinaca picadas
900 g de tomates picados
4 cdas de *ghee* o aceite
1 ó 2 guindillas secas molidas (opcional)
1 cdta de cilantro molido
1/2 cdta de azúcar moreno de caña
1/2 cdta de comino molido
1/2 cdta de tomillo
150 ml de agua
sal al gusto

Caliente el *ghee* o el aceite y fría la guindilla (opcional) y el cilantro molido por unos segundos. Agregue las otras especias en polvo y fríalas por unos segundos más, inmediatamente agregue las berenjenas. Remuévalas hasta que queden blandas y empiecen a soltar sus semillas. Ahora agregue los tomates picados, la espinaca y el agua, mezclando todo bien. Tape la olla parcialmente y deje cocinar (revolviendo de vez en cuando) durante 20 minutos, o hasta que las berenjenas estén bien blandas. Aumente la intensidad del fuego y cocine por 10 minutos más, revuelva frecuentemente, hasta que las espinacas, berenjenas y tomates se hayan deshecho bien. Finalmente, sazone con azúcar y sal, mezclando bien.

SAMOSAS (empanadas)

2 tazas de coliflor (cortada en trozos pequeños)
1 taza de guisantes frescos
1 taza de harina blanca
1 taza de harina integral
ghee o aceite para freír
1 guindilla seca picada (opcional)
1/2 cdta de tomillo
1 cdta de cilantro molido
1 cdta de semillas de comino
1/2 taza de pimiento picado
1/2 cdta de jengibre molido
1 cdta de semillas de mostaza
1,5 cdtas de sal

Cocine al vapor la coliflor y los guisantes hasta que estén blandos. En una olla o sartén ponga tres cdas de *ghee* o aceite vegetal y cuando esté caliente agregue la guindilla (opcional), la mostaza y el comino. Cuando empiecen a reventar agregue el cilantro y el tomillo, luego los vegetales cocidos y el pimentón con el jengibre. Mezcle todo y cocine a fuego medio hasta que se forme una pasta espesa como para relleno. Esto toma alrededor de 15 minutos. Mezcle las dos harinas con 1/3 de taza de mantequilla, *ghee* o aceite, agregue suficiente agua como para formar una masa manejable. Divida la masa en doce bolitas, con un rodillo amase las bolitas formando un círculo de 12 cm de diámetro aproximadamente. Corte los círculos por la mitad, junte los extremos y ponga una cda de relleno dentro de cada triángulo. Selle los bordes y voltéelos haciendo lazos decorativos. Cierre bien las empanadas. Caliente el aceite y fríalas durante unos 12 minutos a fuego medio, volteándolas de vez en cuando. Luego escúrralas en un colador metálico; ya están listas. Si prefiere, en vez de freírlas, hornéelas durante diez minutos.

SALTEADO DE COLIFLOR CON YOGUR

1 coliflor grande
500 g de patatas
1 taza de yogur
2 cdas de *ghee* o aceite
2 pimientos
1 pizca de pimienta negra molida
1 cdta de tomillo
1 cdta de pimentón dulce molido
sal al gusto

Corte la coliflor en forma de pequeños arbolitos y cocínela al vapor junto con los pimientos picados en pequeños trozos. Retírelos antes de que lleguen a su punto completo de cocción. Corte las patatas en pequeños cubitos, y fríala en *ghee* o aceite o si prefiere puede hornearla, una vez picada, en un recipiente bien aceitado, cuidándola de rato en rato y sacudiendo el recipiente para que se doren uniformemente. Caliente el *ghee* o el aceite y agregue la pimienta y la sal; casi inmediatamente ponga la coliflor y fríala durante dos minutos. Agregue el pimentón y el tomillo y revuelva hasta que la coliflor esté casi seca. Luego agregue las patatas, apague el fuego y antes de servir agregue el yogur, mezclando todo bien.

SUKTA

2 ó 3 calabacines
450 g de coliflor picada en forma de arbolitos
450 g de patatas peladas y cortadas en cubitos
450 g de berenjenas cortadas en cubitos
450 g de guisantes fresco
1/4 L de yogur
1/2 L de agua
4 cdas de *ghee* o aceite
4 hojitas de laurel
4 hojas (ramitas) de cilantro
1 cdta de semillas de comino
2 cdtas de pimentón dulce molido
2 cdtas de jengibre fresco
1 ó 2 guindillas verdes frescas
picadas, sin semilla
1/2 cdta de tomillo
2 cdtas de cilantro molido
sal al gusto

Sáquele las semillas al calabacín y córtelo en trocitos. Caliente las 2 cdas de *ghee* o aceite a fuego medio, y fría todas las verduras. Agregue las hojas de laurel y revuelva la mezcla, friéndola durante 5 minutos con una cuchara de madera. Ahora eche el agua, tape la olla y deje que se cocine a fuego medio por unos 10 minutos. Mientras tanto, ya sea en un mortero o en una licuadora, muela o licúe las semillas de comino, el jengibre, las guindillas y el tomillo con un poco de agua como para formar una pasta suave. Caliente lo que queda de *ghee* o aceite en una sartén pequeña y fría la pasta revolviéndola durante 1 ó 2 minutos. Agregue el pimentón, el cilantro molido y luego eche el agua que queda y haga hervir por un minuto. Ahora agregue este aderezo líquido en la otra olla y cocine todo junto a fuego medio durante 15 ó 20 minutos, revolviendo de vez en cuando. Agregue el yogur y la sal. Revuelva ligeramente para mezclar las especias y la salsa con las verduras. Cocine a fuego medio por unos cuantos minutos con la olla destapada y estará listo.

SOUFFLÉ DE ALCACHOFAS

5 alcachofas
1/2 taza de nata batida
6 cdas de harina integral
2 tazas de leche
4 cdas de mantequilla
1 pizca de nuez moscada
1 pizca de pimienta negra molida
ghee o aceite
sal al gusto

Pele las alcachofas, lávelas bien y póngalas a cocinar. Una vez listas saque las hojas y con una cuchara quíteles a cada una la pulpa. Caliente el *ghee* o aceite en una sartén. Fría los condimentos, luego agregue la pulpa de las alcachofas y revuelva durante algunos minutos. Tueste la harina en otra sartén u olla a fuego lento; cuando se dore agregue la mantequilla y tueste durante un par de minutos más, revolviendo constantemente. Ponga la leche en el vaso de la licuadora, luego agregue la harina y licúe hasta que se forme una crema uniforme. Vierta esta crema en una olla y cocínela hasta que se espese. Mezcle la pulpa de las alcachofas con la nata batida en un solo recipiente y revuelva todo bien. Unte un molde con mantequilla y vierta la preparación dentro de este. Póngalo a hornear a una temperatura moderada durante media hora y déjelo reposar durante diez minutos antes de cortarlo.

TOMATES RELLENOS

4 tomates grandes ó 6 pequeños
1/2 taza de guisantes frescos
1/2 taza de judías picadas
1/2 taza de zanahorias picadas en cuadritos pequeños
1/2 taza de patatas picadas en cuadritos pequeños
1/2 taza de yogur
1 cdta de semillas de mostaza
1 cdta de semillas de comino
1 pizca de pimienta negra molida
1 cda de pimentón dulce molido
1 cdta de jengibre molido
1 cdta de tomillo

ghee o aceite
perejil fresco
sal al gusto

Hierva las judías, las zanahorias y las patatas todas juntas. Mientras tanto licúe el yogur con el pimentón, el jengibre y el tomillo. Cuando las verduras estén listas sáquelas de la olla y déjelas escurrir bien en un colador. Caliente el *ghee* en una sartén y agregue las semillas de mostaza y comino; cuando las primeras revienten agregue la pimienta e inmediatamente las verduras friéndolas durante dos minutos. Apague el fuego y vierta la sal y el yogur mezclando todo bien. Rebañe la parte superior de los tomates y quíteles la pulpa haciendo un hueco para rellenarlos. Ponga la preparación anterior dentro de los tomates y refrigérelos. Adórnelos con perejil y sírvalos fríos.

UPMA (salteado de verduras con sémola)

500 g de verduras (judías, espinacas, acelgas, zanahorias, calabacín, etc.)
450 g de sémola de trigo
50 g de pasas (opcional)
1,5 L de agua
2 cdas de *ghee* o aceite
1 cdta de semillas de comino
1 cda de jengibre fresco rallado
1 guindilla seca picada (opcional)
3 hojas de laurel
1 cdta de tomillo
4 cdas de mantequilla, *ghee* o aceite
1 pizca de pimienta negra molida
1 limón
2 cdas de mantequilla
1 cdta de orégano
sal al gusto

Comience cortando las verduras, luego caliente 2 cdas de *ghee* o aceite en una olla y fría las semillas de comino, jengibre y la guindilla (opcional). Después de unos 30 segundos, agregue el tomillo, las hojas de laurel y luego las verduras. Revuelva las verduras hasta que estén doradas y luego agregue un poco de agua para que no se quemen. Baje el fuego. Tape la olla y cocine hasta que las verduras estén tiernas.

Mientras tanto ponga agua y la sal a hervir en una olla pequeña. Derrita 4 cdas de mantequilla, *ghee* o el aceite en una olla, agregue la sémola, tuéstela a fuego lento; remueva constantemente para que la sémola no se queme. En diez o quince minutos estará lista, habiendo tomado un color marrón claro. Cuando la sémola esté lista y el agua hirviendo, ponga las verduras cocidas y las pasas en la sémola y luego vierta el agua hirviendo en esta mezcla. Tenga cuidado porque puede salpicar. Baje el fuego. Revuelva varias veces para deshacer los grumos y luego tape. Deje cocinar a fuego lento. Después de cinco minutos destape para ver si los granos han absorbido toda el agua. Si no, revuelva nuevamente y deje cocinar destapado durante unos minutos más. Finalmente, agregue la pimienta, las 2 cdas de mantequilla y mezcle nuevamente.

VERDURAS CON REQUESÓN

4 patatas peladas y picadas en cubitos
450 g de guisantes frescos
5 tomates de tamaño mediano cortados en cuatro
425 ml de agua
100 g de almendras crudas, peladas ligeramente tostadas
250 g de requesón formado en cubitos y fritos
150 ml de yogur
1 cda de *ghee* o aceite
3 clavos de olor
media rama de canela
2 hojas de laurel
1 cdta de tomillo
1 cdta de jengibre molido
1 cdta de pimentón dulce molido
1/4 cucharita de nuez moscada molido
1/2 cdta de azúcar moreno de caña
1 cda de cilantro molido o perejil

En una olla, caliente el *ghee* o aceite a fuego medio, cuando este caliente eche los clavos, la canela de olor y las hojas de laurel. Fríalos removiendo durante 30 segundos, luego agregue las patatas. Fría las patatas durante 5 minutos, raspando frecuentemente el fondo de la olla con una espátula, hasta que estén ligeramente doradas. Añada los guisantes y el tomillo. Remuévalos una vez; eche el agua y cocine durante 10 minutos con la olla tapada. Luego agregue los tomates junto con el jengibre, pimentón, la nuez moscada, el azúcar y la sal. Remuévalos para mezclarlos, tape la olla y cocine 5 minutos más. Ahora agregue el yogur, el cilantro o el perejil, las almendras y los cubitos de requesón. Remueva todas las especias. Caliente unos minutos antes de servir.

VERDURAS COCIDAS EN SU PROPIO JUGO

900 g de verduras frescas
2 patatas peladas y picadas en cubitos
2 cdas de *ghee* o aceite
1/2 cdta de semillas de hinojo
1/2 cdta de jengibre fresco rallado
1/2 cdta de pimentón dulce molido
1 guindilla verde fresca picada, sin semilla
1/2 cdta de tomillo
1 cda de jugo de limón
sal al gusto

Lave las verduras varias veces quitando los tallos duros. Escúrralas y píquelas en trozos pequeños. Caliente el *ghee* o aceite en una olla y fría las semillas de hinojo, jengibre, guindillas picadas, todo junto durante 30 ó 40 segundos. Agregue el pimentón y el tomillo. Inmediatamente ponga las patatas y fríalas de 8 a 10 minutos, raspando el fondo de la olla a medida que va removiendo, hasta que se doren por todos lados. Luego ponga las verduras picadas, tape la olla y cocine durante 15 minutos o hasta que las verduras estén cocidas y las patatas blandas (las verduras que son jugosas y se cocinan rápidamente no necesitan que se les aumente agua, pero las verduras que son menos jugosas y que necesitan de más tiempo para que se cocinen necesitan más agua). Agregue la sal y el jugo de limón.

COMO ESPIRITUALIZAR LOS ALIMENTOS

Cuando cocinamos es importante mantener una higiene personal (si es posible estar duchado para cocinar) y no probar los alimentos hasta que no se hayan ofrecido. Referente a la cantidad de sal, con el tiempo y la experiencia lograremos añadir la cantidad adecuada sin necesidad de probar lo que se está cocinando. Es importante tener una bandeja con varios recipientes pequeños y un vaso del mismo tamaño para poner agua, además de una cucharita pequeña que sólo utilizaremos para la ofrenda. En los recipientes pondremos una muestra de lo que cocinemos cada día. No se deben probar los alimentos hasta que no se hayan ofrecido, esperando unos minutos antes de retirarlos. Una vez depositadas las muestras de alimentos en sus respectivas ollas, lavaremos los recipientes y la bandeja. A continuación, podremos disfrutar de los alimentos bendecidos durante la ofrenda. Es importante comprender que esto tiene la finalidad de desarrollar una relación personal e íntima con Dios. Lo más importante es nuestra actitud amorosa y devocional cuando hacemos la ofrenda, ya que Krishna se complace cuando percibe nuestro amor y devoción.

Debemos tener un lugar en la casa que utilicemos como altar donde colocaremos una foto del maestro espiritual en la sucesión espiritual, en este caso de Srila Prabhupada, hasta que no tengamos una conexión personal con un maestro espiritual que nos acepte como su discípulo. En el centro del altar podéis colocar la foto del *Pancha-tattva* y a la izquierda la de Srila Prabhupada. Las fotos las podéis extraer de Manual del Bhakta que encontraréis en nuestra web http://www.bhaktiyoga.es y enmarcarlas para ponerlas en el altar. Es bueno poner una tela sobre la base del altar para darle un toque espiritual y de solemnidad. La ofrenda se coloca frente a las fotos y a continuación recitaremos tres veces el *maha-mantra* Hare Krishna:

Hare Krishna Hare Krishna Krishna Krishna Hare Hare
Hare Rama Hare Rama Rama Rama Hare Hare

«¡Oh Energía Suprema, oh Señor Supremo, por favor aceptadme, ocupadme en Vuestro servicio!»

Si lo deseas hacer de un modo más elaborado, puedes recitar cada una de las siguientes oraciones:

nama om vishnu-padáya krishna-preshthaya bhutalé
srimate bhaktivedánta-swamin iti naminé

namasté sarasvati déve gaura-vani-prachárine
nirvishésha-shúnyavadi pashchatyá-desha-tarine

«Ofrezco mis respetuosas reverencias a su Divina Gracia Bhaktivedanta Swami Prabhupada, quien es muy querido por el Señor Krishna».

«Te ofrezco mis respetuosas reverencias, ioh maestro espiritual, sirviente de Śrīla Bhaktisiddhánta! Bondadosamente estás predicando el mensaje del Señor Chaitanya y liberando a los países occidentales, que están llenos de impersonalismo y nihilismo».

namó maha-vadanyáya krishna-prema-pradáya te
krishnaya krishna-chaitanya-namne gaura-twishe namahá

«Ofrezco mis respetuosas reverencias a Sri Krishna Chaitanya, quien es la encarnación más magnánima de Krishna y está distribuyendo amor puro por Dios».

namó brahmanya-deváya go-brahmana-hitáya cha
jagad-hitaya krishnaya govindaya namó namáh

«Ofrezco mis respetuosas reverencias a Sri Krishna, quien es el protector de las vacas, los *brahmanas* y de todo el universo».

Lo más importante en la ofrenda de alimentos es nuestro sentimiento amoroso y devocional, con la plena convicción y fe de que Krishna lo aceptará. Estos alimentos ofrecidos («*prasadam*», que en sánscrito significa misericordia) están llenos de la energía espiritual de Krishna, la Suprema Personalidad de Dios, que nos ayudará a desarrollar gradualmente nuestra visión espiritual y purificar nuestra conciencia.

Breve biografía de Srila Prabhupada

Su Divina Gracia A.C. Bhaktivedanta Swami Prabhupada, nació en 1896 en Calcuta, India.

Tras completar su educación universitaria en 1922 conoció a su maestro espiritual, Srila Bhaktisiddhanta Sarasvati Gosvami, prominente religioso erudito, fundador del *Gaudiya Matha*, una congregación espiritual con 64 templos en toda la India, quien apreció a este joven educado y a quien convenció para que consagrara su vida a propagar las enseñanzas del conocimiento védico. Srila Prabhupada se convirtió en su alumno para, diez años más tarde en 1932, en Allahabad, pasar a ser formalmente su discípulo iniciado.

Ya en 1922, durante su primer encuentro, Srila Bhaktisiddhanta Sarasvati Thakura había pedido a Srila Prabhupada que divulgara el conocimiento védico en el idioma inglés. En los años siguientes Srila Prabhupada escribió un comentario de El Bhagavad-gita, ayudó a la *Gaudiya Matha* en su labor, y a partir de 1944 comenzó a escribir y publicar una revista quincenal en inglés llamada «De vuelta al Supremo» que los discípulos de Srila Prabhupada continúan publicando hasta hoy en 19 idiomas.

En 1950, con 54 años, Srila Prabhupada se retiró de la vida de casado para vivir en *Vrindavana*, en condiciones de gran sencillez y austeridad en el histórico templo medieval de Radha-Damodhara. Allí se dedicó durante unos años a profundizar en sus estudios y escribir. En 1959 aceptó la orden de vida de renuncia (*sannyasa*).

Tras haber publicado en la India tres volúmenes del Srimad Bhagavatam, en 1965 viajó a los Estados Unidos para cumplir con la orden de su maestro espiritual, escribiendo más de 60 volúmenes de traducciones, comentarios y estudios resumidos de los clásicos filosóficos y religiosos de la India.

Srila Prabhupada llegó a Nueva York en un barco de carga procedente de la India, sólo con el equivalente a cinco dólares en rupias. Un año más tarde, en julio de 1966, fundó y estableció la Sociedad Internacional para la Conciencia de Krishna (ISKCON). Una Asociación que guiaría durante los once años siguientes hasta convertirla en una organización mundial con más de cien templos, escuelas, *ashramas*, institutos y comunidades agrícolas, viéndola desarrollarse en un rapidísimo ascenso hasta que en noviembre de 1977 partió de este mundo.

No obstante, la contribución esencial de Srila Prabhupada son sus libros. Traducidos a más de treinta idiomas y altamente respetados por la comunidad académica debido a su autoridad, profundidad y claridad, son textos de consulta en numerosas universidades del mundo.

Made in the USA
Monee, IL
07 July 2026

56552664R00039